**Der Weg zum
wissenschaftlichen Arbeiten**

Ein Einstieg für Physiotherapeuten

Der Weg zum wissenschaftlichen Arbeiten

Ein Einstieg für Physiotherapeuten

Jan Kool
Rob de Bie

2001
Georg Thieme Verlag
Stuttgart · New York

Zeichnungen:
Joachim Hormann, Stuttgart
Thomas Braun, Karben

Jan Tomaschoff
(Mit Dank für die freundliche Genehmigung.)

Umschlaggestaltung:
Thieme Marketing

*Die Deutsche Bibliothek –
CIP-Einheitsaufnahme*

Kool, Jan: Der Weg zum wissenschaftlichen Arbeiten / Jan Kool ; Rob de Bie. – Stuttgart ; New York : Thieme, 2001

Geschützte Warennamen (Warenzeichen) werden **nicht** besonders kenntlich gemacht. Aus dem Fehlen eines solchen Hinweises kann also nicht geschlossen werden, dass es sich um einen freien Warennamen handelt.

Das Werk, einschließlich aller seiner Teile, ist urheberrechtlich geschützt. Jede Verwertung außerhalb der engen Grenzen des Urheberrechtsgesetzes ist ohne Zustimmung des Verlages unzulässig und strafbar. Das gilt insbesondere für Vervielfältigungen, Übersetzungen, Mikroverfilmungen und die Einspeicherung und Verarbeitung in elektronischen Systemen.

© 2001 Georg Thieme Verlag
Rüdigerstraße 14
D-70469 Stuttgart
Unsere Homepage: http://www.thieme.de
Printed in Germany

Satz und Druck: Druckhaus Götz GmbH, Ludwigsburg

ISBN 3-13-124171-3   1 2 3 4 5 6

Wichtiger Hinweis:
Wie jede Wissenschaft ist die Medizin ständigen Entwicklungen unterworfen. Forschung und klinische Erfahrung erweitern unsere Erkenntnisse, insbesondere was die Behandlung und medikamentöse Therapie anbelangt. Soweit in diesem Werk eine Dosierung oder eine Applikation erwähnt wird, darf der Leser zwar darauf vertrauen, dass Autoren, Herausgeber und Verlag große Sorgfalt darauf verwandt haben, dass diese Angabe **dem Wissensstand bei Fertigstellung des Werkes** entspricht.

Für Angaben über Dosierungsanweisungen und Applikationsformen kann vom Verlag jedoch keine Gewähr übernommen werden. **Jeder Benutzer ist angehalten,** durch sorgfältige Prüfung der Beipackzettel der verwendeten Präparate und gegebenenfalls nach Konsultation eines Spezialisten festzustellen, ob die dort gegebene Empfehlung für Dosierungen oder die Beachtung von Kontraindikationen gegenüber der Angabe in diesem Buch abweicht. Eine solche Prüfung ist besonders wichtig bei selten verwendeten Präparaten oder solchen, die neu auf den Markt gebracht worden sind. **Jede Dosierung oder Applikation erfolgt auf eigene Gefahr des Benutzers.** Autoren und Verlag appellieren an jeden Benutzer, ihm etwa auffallende Ungenauigkeiten dem Verlag mitzuteilen.

Anschriften

Drs. Jan Kool
Klinik Valens
Rheuma- und Rehazentrum
7317 Valens
SCHWEIZ

Dr. Rob de Bie
Universiteit Maastricht
Postbus 616
6200 MD Maastricht
NIEDERLANDE

Curriculum vitae Jan Kool

Jan Kool absolvierte von 1976–1980 die Ausbildung zum Physiotherapeuten. Von 1992–1994 studierte er Gesundheitswissenschaften an der Universität Maastricht, Holland. Schwerpunkte seines Studiums waren vor allem Epidemiologie, Methodologie, Statistik und Ergonomie. Seine Abschlussarbeiten zum MSc Gesundheitswissenschaften beschäftigten sich mit der *Metaanalyse der Effektivität der Bewegungstherapie bei Patienten mit einem CVI* und einer *Randomisierten experimentellen Studie zu Doppelaufgaben bei Patienten mit einem CVI*.

Seit 1994 arbeitet Jan Kool zu jeweils 50% als Physiotherapeut und als Wissenschaftler in der Abteilung Forschung am Rheuma- und Rehabilitationszentrum Valens. Bei seiner Forschungsarbeit beschäftigt er sich schwerpunktmäßig mit chronischen lumbalen Rückenschmerzen. Er ist Autor zahlreicher wissenschaftlicher Publikationen. Ein Schwerpunkt sind die Veröffentlichungen zum Thema *chronische lumbale Rückenschmerzen*. Seine Arbeit *Chronische Rückenschmerzen fehlinterpretiert – eine prospektive Kohortstudie bei 99 Patienten mit Nachkontrolle nach 12 Monaten* wurde vom ZVK mit dem Wissenschaftspreis 1999 ausgezeichnet.

Curriculum vitae Rob de Bie

Nach der High School studierte Rob de Bie Physikalische Therapie und Bewegungslehre des Menschen. Da das Studium die Arbeit mit Patienten einschloss, die an muskuloskelettalen Störungen leiden, begann er damit, die Wirkungen der Therapien und Übungen zu untersuchen, die bei diesen Patienten zur Anwendung kommen. Während des Studiums der Bewegungslehre nahm er an zahlreichen epidemiologischen Kursen teil und war Tutor in der Abteilung für Epidemiologie der Universität Maastricht. Nachdem er zum Junior Lecturer ernannt worden war, besuchte er Weiterbildungskurse in Epidemiologie bei Bouter, Kleinbaum, Rothman, Miettinen und Sacket. Dazwischen entwickelte er ein MSc-Programm für Physikalische Therapeuten.

Seine Dissertation über die Wirksamkeit der Lasertherapie bei Knöchelverstauchungen beendete er im Jahr 1998. Er ist jetzt außerordentlicher Professor für Klinische Epidemiologie an der Fakultät für Gesundheitswissenschaften der Universität Maastricht, Holland. Er spezialisierte sich sowohl auf randomisierte Studien als auch auf Kohortstudien im Bereich der Gesundheitsberufe unter besonderer Berücksichtigung der Ätiologie und Prognostik. Er ist Direktor des *Cochrane Rehabilitation and Related Therapies Field* und Herausgeber der *Cochrane Musculoskeletal and Back Groups*.

In den letzten Jahren hat Rob de Bie systematische Rezensionen, Forschungsarbeiten und Artikel über Methodologie verfasst. Er ist Mitherausgeber der *Physical Therapy Reviews*, Mitglied des wissenschaftlichen Beirats des *Australian Journal of Physiotherapy* und hat mehrere Wissenschaftspreise für seine Forschungsarbeiten gewonnen.

Zusammen mit seiner Frau und seinem Sohn unternimmt er gerne Campingurlaube mit sportlicher und dennoch kulinarischer Note. Er liest bevorzugt Science-fiction- und Fantasy-Literatur. Weitere Hobbys sind Klavier- und Posaunespielen, Kochen, DIY und der Computer. Bei Letzterem wird er von seiner Katze unterstützt, die den Computer (und auf der Tastatur schlafen) sehr liebt.

Vorwort

In Westeuropa sind die Jahre des ungebremsten Wachstums im Gesundheitswesen vorbei. Welche Leistungen werden bezahlt? Die Verteilung der Mittel verlangt auch von uns Physiotherapeuten, dass wir uns informieren, um fundiert argumentieren zu können. Die Umstrukturierung ist sicher ein Phänomen, das uns bis auf weiteres begleiten wird. Wer die Zukunft selbst mitgestalten will, muss sich weiterbilden.

Ist Physiotherapie wirksam? Das könnte man global mit Ja beantworten. Die Anzahl so genannter positiver Studien, die einen Effekt der Physiotherapie belegen, steigt schnell. Die Frage, ob alle Anwendungen effektiv sind, muss jedoch sicher mit Nein beantwortet werden. Manche Indikationen für die Physiotherapie werden somit in Frage gestellt. Das ist verständlicherweise oft nicht einfach zu akzeptieren. Der Sinn unserer bisherigen Arbeit wird angezweifelt, und unsere Existenzgrundlage wird bedroht. Es entstehen aber auch neue Indikationen, zum Beispiel in der Inkontinenzbehandlung. Neben der Frage nach der Effektivität gibt es natürlich noch weitere Gründe für die Forschung: wissenschaftliches Arbeiten und Veränderung, um unseren Beruf weiterzuentwickeln. Ein großer Forschungsbedarf ist somit für die Physiotherapie ausgewiesen.

Wir Physiotherapeuten kommen heutzutage auch aus anderen Gründen vermehrt mit der Wissenschaft in Berührung: In Fachzeitschriften erscheinen zunehmend wissenschaftliche Publikationen, die ohne entsprechende Grundkenntnisse schwer verständlich sind. Aufgrund von Effektivitätsstudien über Behandlungsmethoden stellt sich die Frage, ob wir unser Therapieangebot adaptieren müssen. Die Beurteilung der Forschungsberichte ist jedoch nicht einfach. Physiotherapeuten in der Ausbildung schreiben Projektarbeiten und brauchen ein Grundwissen. Lehrer wählen die Projektthemen vermehrt aufgrund wissenschaftlicher Kriterien. Die meisten von uns kommen also mehr oder weniger intensiv mit der Wissenschaft in Kontakt.

Wir vermitteln mit diesem Buch Grundkenntnisse zum Thema *wissenschaftliches Arbeiten* und richten uns an Physiotherapeuten und Schüler dieses schönen Berufes. Wir hoffen, dass eine eventuell vorhandene Schwellenangst in Zusammenhang mit dem Thema schnell überwunden ist. Dazu haben wir in unserem Text viele praktische Beispiele aus der Physiotherapie eingebracht.

Dieses Buch bietet eine Starthilfe für verschiedene Gebiete. Versuchsanordnungen und Studiendesigns für Effektivitätsstudien werden erklärt, die Vor- und Nachteile der verschiedenen Designs werden erläutert. Dieses Wissen erleichtert das Lesen von Fachartikeln und eine kritischere Beurteilung der Literatur ist möglich.

Das Kapitel *Literatursuche* veranschaulicht, wie ausgehend von einer praktischen relevanten Frage nach Literatur gesucht wird – auch per Internet. Das Angebot der Datenbanken im

Internet ist eine preiswerte und bis vor wenigen Jahren nicht da gewesene Erleichterung.

Das Kapitel *Messen* ist für alle Therapeuten interessant, die einen guten Befund erheben wollen. Es besteht ein „Überangebot" an Testverfahren und wir müssen wissen, welche Tests sinnvoll und aussagekräftig sind. Wenn die relevanten Begriffe zum Thema *Messen* oder *Befunderhebung* bekannt sind, kann die entsprechende Literatur besser für unsere Arbeit genutzt werden. Dieses Gebiet eignet sich auch sehr gut für Projektarbeiten in der Ausbildung.

Das letzte Kapitel gibt Tipps für die Planung und Durchführung von Projektarbeiten, wobei viele Aspekte aus dem Buch anhand von Praxisbeispielen verdeutlicht werden. Dennoch kann ein Buch die Praxis nicht ersetzen. Eine Projektarbeit ist wie ein Patient: Das vermittelte Wissen wird durch die Praxis gefestigt und vertieft.

Die Geschichte der physiotherapeutischen Forschung ist relativ kurz. Bis vor etwa 10 Jahren waren gute Effektivitätsstudien eine Rarität. Das ist auch kein Wunder, da unser junger Beruf noch bis vor wenigen Jahren ein sehr „empirisches Handwerk" war, das sich aus der praktischen Arbeit mit relativ wenig klinischer Forschung entwickelte. Im Mittelpunkt bei der Suche nach Untersuchungs- und Behandlungsmethoden standen die praktischen Probleme des Patienten. Es liegt uns sehr am Herzen zu betonen, dass die Pioniere der Physiotherapie bei der Entwicklung ihrer Konzepte sehr seriös vorgingen. Ihre Arbeit führte zur Entwicklung vielfältiger Methoden, die unserem Beruf Anerkennung brachten. Heute existieren auf vielen Gebieten verschiedene Methoden, die miteinander konkurrieren. Bisher wurde häufig jeweils das gesamte Behandlungskonzept diskutiert. Aufgabe der Forschung ist es, die Wirksamkeit einzelner Methodenaspekte zu evaluieren, damit diese z.B. in die Physiotherapie in den einzelnen medizinischen Fachgebieten oder in die verschiedenen Techniken, z.B. die Manualtherapie integriert werden können.

Die Idee für dieses Buch von Physiotherapeuten für Physiotherapeuten ist entstanden aus dem wachsendem Bedürfnis der Physiotherapeuten und Physiotherapie-Schüler nach wissenschaftlichen Fachbegriffen. Ebenso interessant ist es für diplomierte Therapeuten, die ihr Wissen auffrischen möchten.

Bei Frau Rosi Haarer-Becker, Frau Margit Gehrig und bei allen anderen Mitarbeitern des Thieme Verlags möchten wir uns ganz herzlich bedanken. Sie waren eine enorme Hilfe beim Gestalten dieses neuen Buches.

Igis und Maastricht im Sommer 2000
Jan Kool und Rob de Bie

Inhalt

1	**Sinn und Unsinn wissenschaftlicher Studien**	1
1.1	Was sind Effektivitätsstudien?	3
1.2	Welche Arten von Effektivitätsstudien gibt es?	4
1.2.1	Pragmatische Studien	4
1.2.2	Erklärende Studien	5
1.3	Voraussetzungen für Effektivitätsstudien	5
1.4	Wie korrekt sind Interpretationen von Effektivitätsstudien?	5
1.4.1	Umfang der Studie	6
1.4.2	Methodologische Qualität	6
1.4.3	Extrapolierbarkeit	7
1.4.4	Anwendung adäquater statistischer Methoden	7
1.4.5	Relevanz	7
1.5	Ist Skepsis gegenüber Effektivitätsstudien in der Physiotherapie angebracht?	8
1.6	Welche Auswirkungen haben negative Ergebnisse von Effektivitätsstudien auf die Physiotherapie?	8
1.7	Welchen Einfluss haben spezifische und unspezifische Komponenten wirksamer Behandlungen auf Studienergebnisse?	9
1.8	Vier gute Gründe für Effektivitätsstudien in der Physiotherapie!	9
1.9	Literaturstudien	10
1.10	State of the art oder das „Mittel der Wahl"	10
1.11	Evidence Based Medicine	11
2	**Literatursuche**	13
2.1	Wie erfahre ich den aktuellen Wissensstand?	14
2.1.1	Problemorientierte Literatursuche	16
2.1.2	Gezielte Fragestellung zur effizienten Suche	16
2.2	Wie bleibe ich auf dem aktuellen Wissensstand?	18
2.2.1	Zugang zu Datenbanken	19
2.2.2	Abschnitte einer Publikation in der Datenbank	19
2.2.3	Effiziente Suche in Datenbanken durch standardisierte Suchwörter	22

3	**Randomisierte kontrollierte Studien**	27
3.1	Haben Physiotherapeuten Angst vor Studienergebnissen?	28
3.2	Vom Trial-and-Error-Denken zur kontrollierten Studie	28
3.2.1	Die erste kontrollierte klinische Ernährungsstudie am Menschen	29
3.2.2	Einführung des Plazebos	29
3.2.3	Einführung der Randomisierung	31
3.3	Grundmodell einer randomisierten kontrollierten Studie	31
3.3.1	Fragestellung	32
3.3.2	Definition der Wirkung	32
3.3.3	Definition der Intervention	33
3.3.4	Auswahl der Studiengruppe	34
3.3.5	Randomisierung und a priori-Stratifizierung	36
3.3.6	Ermittlung der Ausgangswerte	37
3.3.7	Compliance und Studienabbrüche	38
3.3.8	Blindierungstechniken	40
3.3.9	Nebenwirkungen	41
3.3.10	Auswertung	42
3.4	Vor- und Nachteile einer randomisierten kontrollierten Studie	43
4	**Weitere Studientypen**	45
4.1	Transversale Studientypen	48
4.2	Kohortenstudien	51
4.2.1	Vorteile von Kohortenstudien	51
4.2.2	Nachteile von Kohortenstudien	52
4.3	Patienten-Kontroll-Studien	54
4.3.1	Vorteile von Patienten-Kontroll-Studien	54
4.3.2	Nachteile von Patienten-Kontroll-Studien	55
5	**Messen – Quantifizierung von Ergebnissen**	57
5.1	Nummerische Systeme und Messskalen	58
5.1.1	Nominalskalen für qualitative Merkmale	59
5.1.2	Ordinalskalen für quantifizierbare Merkmale	60
5.1.3	Intervallskalen für quantifizierbare Merkmale	63
5.1.4	Rationalskalen für quantifizierbare Merkmale	63
5.2	Messen kontinuierlicher und diskreter Merkmale	63
5.2.1	Kontinuierliche Merkmale	64
5.2.2	Diskrete Merkmale	64
5.3	Kombinierte Skalen	67
5.3.1	Schulterskala für Schmerz und Behinderung	67
5.3.2	Guttman-Skala	67
5.4	Bedeutung der Unterschiede zwischen den Skalen	68
5.5	Ziele des Messens in der klinischen Arbeit	69
5.6	Anforderungen an Messungen	70
5.6.1	Durchführbarkeit	70
5.6.2	Reliabilität	70

5.6.3	Validität	73
5.6.4	Empfindlichkeit	73
5.7	Variationen der Messergebnisse und Gegenmaßnahmen	74
5.7.1	Ursachen für Variationen	74
5.7.2	Was bedeutet subjektiv und objektiv?	75
5.7.3	Wie genau muss eine Messung sein?	76
6	**Wie misst man Gesundheit und Lebensqualität?**	**79**
6.1	ICIDH-2	80
6.1.1	Behandlungsschwerpunkte	84
6.1.2	Schaden, Aktivität, Teilnahme – früher, heute, morgen!	85
6.2	Lebensqualität	86
6.2.1	Partizipation – Lebensqualität – Zufriedenheit	87
6.2.2	Bedeutung der Kosteneffektivität	89
7	**Diagnostik in der Physiotherapie: Reliabilität und Validität**	**91**
7.1	Reliabilität	92
7.1.1	Dichotome Messungen im Vergleich zum Gold-Standard	93
7.1.2	Prozentuale Übereinstimmung mit dem Gold-Standard – ein ungeeigneter Kennwert	95
7.1.3	Tests mit 2 möglichen Ergebnissen ohne verfügbaren Gold-Standard	98
7.1.4	Tests mit kontinuierlichen Ergebnissen ohne verfügbaren Gold-Standard – Standardabweichung bei wiederholter Messung	101
7.1.5	Tests mit kontinuierlichen Ergebnissen mit verfügbarem Gold-Standard – Systematischer Unterschied mit Gold-Standard und Standardabweichung der Messung	104
7.2	Validität	104
7.3	Zusammenfassung	106
8	**Literaturstudium – Statistische Hürden nehmen**	**109**
8.1	Ein bisschen Statistik tut nicht (allzu) weh	110
8.1.1	Arten der Statistik	110
8.2	Was versteht man unter Population und Stichproben	111
8.2.1	Erhebungstechniken für Stichproben	112
8.3	Wahrscheinlichkeitsrechnung	113
8.3.1	α-Fehler und β-Fehler	115
8.3.2	Kumulierung der α-Fehler oder das Problem mehrerer statistischer Tests mit ein und derselben Stichprobe	116
8.3.3	Besteht ein Zusammenhang zwischen der Signifikanz und der Größe eines Unterschieds?	117
8.3.4	Zwei- und einseitige Fragestellung	119
8.4	Statistische Prüfverfahren für 2 Stichproben	120
8.4.1	Tests für Intervallskalen	120
8.4.2	Tests für ordinale Skalen (U-Test nach Mann-Whitney)	122
8.4.3	Tests für nominale Skalen	123

8.5	Statistische Prüfverfahren für mehr als 2 Stichproben	125
8.5.1	Einfaktorielle Varianzanalyse (EFVA)	126
8.5.2	Mehrfaktorielle Versuchspläne	127
8.6	Korrelationsanalyse (bivariate Häufigkeitsverteilung)	127
9	**Projektarbeiten in der Physiotherapieausbildung**	**131**
9.1	Ziel und Nutzen einer Projektarbeit	132
9.1.1	Themenwahl und fachliche Begleitung	133
9.1.2	Methodologische Begleitung	134
9.1.3	Wie groß ist der Aufwand?	134
9.1.4	Planung und Meilensteine	134
9.1.5	Form	136
9.1.6	Beschreibende Studie	139
9.2	Zentrale Elemente einer Projektarbeit	141
9.2.1	Form	141
	Glossar	145
	Sachverzeichnis	155

1 Sinn und Unsinn wissenschaftlicher Studien

Rob de Bie

Raum für Notizen:

Die Physiotherapie verfügt über eine große Anzahl an Behandlungstechniken und ein sehr breites Anwendungsgebiet (Abb. 1.1). Trotzdem ist die Effektivität physiotherapeutischer Maßnahmen im Allgemeinen noch ungenügend untersucht. Während der letzten Jahre zeigten Effektivitätsstudien im Zusammenhang mit der Physiotherapie einige nachdenklich stimmende Resultate. Viele Studien konnten keine oder nur geringe Wirkungen der untersuchten physiotherapeutischen Behandlungen nachweisen (Koes et al. 1992, Beckerman et al. 1991, Beurskens et al. 1995, de Bie 1998).

Die Entwicklung im Gesundheitswesen in Richtung Evidence Based Medicine beeinflusst sowohl Untersucher als auch Anwender, Physiotherapeuten und Patienten. Immer häufiger wird von Therapeuten verlangt, ihr Handeln auf der Grundlage von Ergebnissen wissenschaftlicher Studien zu begründen. Für die Kostenträger im Gesundheitswesen sind Studienergebnisse häufig Anlass, die Bezahlung von Leistungen neu zu überdenken. Die Ergebnisse entscheiden über die Aufnahme neuer Leistungen oder die Streichung bisheriger Leistungen aus der Versicherung.

Wie sollen Leistungserbringer – also auch Physiotherapeuten – auf positive und negative Studienergebnisse reagieren? Obwohl es wichtig ist, die Ergebnisse von Studien bei der Berufsausübung zu berücksichtigen, um so die Entwicklung des eigenen Handelns voranzutreiben, werden besonders unangenehme negative Resultate gerne ignoriert. Diese Vorgehensweise bremst jedoch die Weiterentwicklung des Berufs und des Wissensstands.

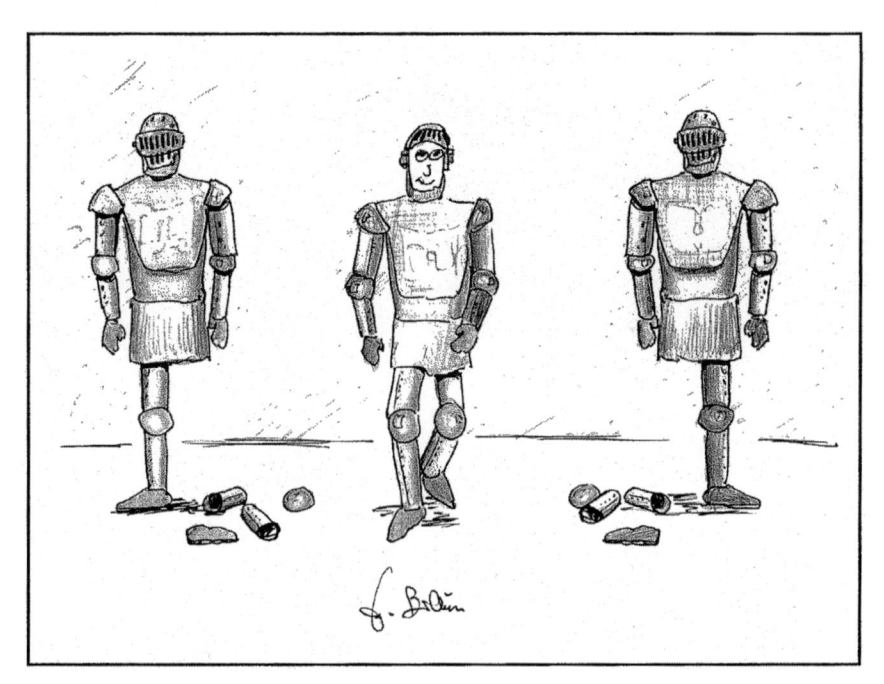

Abb. 1.1 Studien zeigen: Nur Gehen mit beiden Beinen ist wirkungsvoll.

Dieses Kapitel soll verdeutlichen, welche Rolle Effektivitätsstudien für Physiotherapeuten spielen. Dabei wird das Gebiet der Effektivitätsstudien so weit eingegrenzt, wie es für Physiotherapeuten von Bedeutung ist. Es werden Konsequenzen und Probleme aufgezeigt, die bei der Interpretation von Studien entstehen. Schließlich wird anhand von 4 Gründen bzw. Zielen dargestellt, wie wichtig es ist, die Ergebnisse bisheriger und zukünftiger Studien zu nutzen.

Raum für Notizen:

1.1 Was sind Effektivitätsstudien?

Als Effektivitätsstudien werden geplante Experimente mit Patienten bezeichnet, deren Ziel es ist herauszufinden, worin die beste Behandlung für zukünftige Patienten mit einem bestimmten Gesundheitsproblem besteht. Ein auffälliges Merkmal dieser Studien ist oft, dass trotz einer relativ geringen Patientenzahl eine Schätzung der Effektivität bei einer größeren Patientengruppe oder gar bei der gesamten Patientengruppe (Population) vorgenommen wird (Pocock 1991). Diese Vorgehensweise bedarf natürlich einer ausführlichen Erklärung:

- Der Begriff „geplantes Experiment" meint, dass alle untersuchten Patienten denselben experimentellen Bedingungen ausgesetzt werden. In der Regel liegt eine strenge Versuchsanordnung (Design) vor. Diese Voraussetzungen treffen auf randomisierte klinische Studien (Randomised Clinical Trial = RCT) zu. Der Begriff randomisiert kommt aus dem Englischen und bedeutet: Aus einer Gesamtheit von Elementen eine zufällige Auswahl treffen (Duden). Es existiert die Behauptung, randomisierte klinische Studien seien eine vorübergehende Modeerscheinung. Das birgt ein Missverständnis. Innerhalb der Epidemiologie gelten randomisierte klinische Studien als der *Gold-Standard* (s. Glossar) für Effektivitätsstudien (Pocock 1991, Bouter u. van Dongen 1995). Dieser Studientyp besitzt die höchste Beweiskraft, wenn es um die Untersuchung der Beziehungen zwischen Ursache und Wirkung geht.
  Im Jahr 1931 wurde die erste randomisierte klinische Studie durchgeführt (Amberson et al. 1931). Auf dem Gebiet der Physiotherapie wurde die erste Studie dieser Art 1960 publiziert (Fountain et al. 1960). Dabei wurde die Effektivität von Ultraschall, Wärmepackungen und Infrarotlicht zur Schmerzbekämpfung untersucht. Die Geschichte der randomisierten klinischen Studien in der Physiotherapie ist also bereits 40 Jahre alt.
- In der oben genannten Definition von Pocock (1991) fällt auf, dass Untersuchungen mit dem Ziel durchgeführt werden, die Behandlung zukünftiger Patienten zu verbessern. Das bedeutet, Effektivitätsstudien werden an Menschen mit einem gewissen gesundheitlichen Problem vorgenommen. Dabei profitieren die an der Studie teilnehmenden Personen oft nicht selbst (im Sinne eines Gesundheitsgewinns) von den Ergebnissen der Studie. Einen Vorteil haben höchstens die Patienten der Gruppe, die während der Studie die wirksamere Behandlung erhielt.

Raum für Notizen:

Soll das Ziel erreicht werden, Patienten in Zukunft von den Ergebnissen der Studie profitieren zu lassen, ist es wichtig, dass diese Patienten mit denjenigen der Studie vergleichbar sind. Und hierin liegt ein echtes Problem! Die Resultate der Studien sind Durchschnittswerte der untersuchten Gruppen und lassen sich nur mit Einschränkungen auf einzelne Patienten übertragen.

> **Beispiel**
> Wenn bei den Schmerzpatienten einer Versuchsgruppe die Behandlung mit Rotlicht zu durchschnittlich besseren Ergebnissen führt, kann es trotzdem sein, dass bei einem Patienten außerhalb der Versuchsgruppe der Einsatz von Rotlicht erfolglos bleibt. Dies ist z. B. der Fall, wenn seine Schmerzen eine andere Ursache haben als die Schmerzen der Studienteilnehmer.

Zudem können Ergebnisse der untersuchten Gruppe nur begrenzt auf andere Gruppen mit einem ähnlichen Problem übertragen werden.

1.2 Welche Arten von Effektivitätsstudien gibt es?

Es werden 2 Arten von Studien unterschieden:
- *Pragmatische Studien:* Vergleich zweier Behandlungen miteinander;
- *Erklärende Studien:* Vergleich einer echten mit einer Plazebobehandlung.

1.2.1 Pragmatische Studien

Pragmatische Studien vergleichen 2 (oder mehr) Behandlungsalternativen miteinander von denen jede eine eigenständige (genuine) Behandlung ohne Plazebokontrolle ist.

Findet sich bei einer pragmatischen Studie kein Unterschied zwischen den beiden Behandlungen, darf nicht der Schluss gezogen werden, beide Behandlungen seien nicht effektiv. Stattdessen muss gefolgert werden, dass beide Behandlungen gleich gut (oder gleich schlecht) helfen.

> **Beachte**
> Pragmatische Studien sollten nur durchgeführt werden, um die Behandlungen zu vergleichen, deren Effektivität gegenüber Plazebo oder keiner Behandlung nachgewiesen wurde.

1.2.2 Erklärende Studien

Raum für Notizen:

Diese versuchen, den Unterschied zwischen der experimentellen Behandlung und einer Plazebokontrolle zu maximieren.

In diesen Fällen treten die Konsequenzen deutlicher zutage. Keine Effektivität oder ein negativer Effekt bedeutet, dass die Plazebobehandlung gleich gut oder sogar besser abschneidet als die Kontrollbehandlung.

Es könnte nun angenommen werden, dass dies kein Problem darstellt, weil eine effektive Plazebobehandlung ja auch Resultate zeigt. In der Praxis besteht jedoch die Schwierigkeit, dass von Behandlungen, die mit finanziellen und geistigen Anstrengungen entwickelt wurden, bessere Resultate erwartet werden.

1.3 Voraussetzungen für Effektivitätsstudien

Zur Durchführung von Effektivitätsstudien müssen folgende Voraussetzungen gegeben sein:
– Es kann nur eine begrenzte Menge an Fragen gleichzeitig beantwortet werden.
– Eine große Anzahl an Patienten muss zur Verfügung stehen.
– Es sind viele Experten (Physiotherapeuten) und Untersucher notwendig.
– Der finanzielle und der zeitliche Aufwand müssen geklärt sein.

Leider ist im Alltag eine günstige Kombination aller Anforderungen nur selten anzutreffen.

1.4 Wie korrekt sind Interpretationen von Effektivitätsstudien?

Im Allgemeinen sind die Resultate von Effektivitätsstudien von folgenden Faktoren abhängig:
– Umfang der Studie;
– Methodologische Qualität;
– Extrapolierbarkeit (Generalisierbarkeit);
– Anwendung korrekter statistischer Methoden;
– Relevanz.

Raum für Notizen:

1.4.1 Umfang der Studie

Der Umfang der Studie ist von besonderer Bedeutung für die Beurteilung der Relevanz der Ergebnisse. Kleine Studien mit einer geringen Anzahl von Patienten führen zwar selten zu statistisch signifikanten Ergebnissen, ihre Resultate können aber klinisch sehr wohl von Bedeutung sein. Sie besitzen nur eine kleine Beweiskraft. Man spricht von *geringer statistischer Power*.

Demgegenüber können sehr große Studien manchmal signifikante Ergebnisse zeigen, entweder als Folge der großen Patientenzahl oder auch zufällig ohne vorliegende klinisch relevante Unterschiede.

> **Beispiel**
> Bei einer Studie mit 2 Gruppen von je 1.000 Personen wird das Kriterium „Schmerzreduktion" untersucht. In einer der beiden Gruppen beträgt die Abnahme auf einer 10-Punkte-Skala 5 Punkte. In der anderen Gruppe ist die Schmerzreduktion um einen halben Punkt besser, was im Verhältnis zur Skala 5 % entspricht. Ein derartiger Unterschied ist bei großen Patientengruppen wahrscheinlich bereits signifikant nachweisbar.

In diesem Beispiel hat Zufall auch mit Wahrscheinlichkeit zu tun: Nehmen wir an, es werden 20 Patienten untersucht. Als *statistischer Grenzwert* wird 5 % gewählt. Die Wahrscheinlichkeit ist groß, dass einer der 20 Patienten signifikante Resultate zeigt ($1/20 = 5\%$). Allein der Zufall kann also bei gleich wirksamen Therapien zu einzelnen signifikanten Unterschieden führen.

1.4.2 Methodologische Qualität

Die methodologische Qualität informiert über die wissenschaftliche Beständigkeit der Studiendurchführung. Dabei sind nicht nur die Versuchsanordnung (z. B. das Design der randomisierten klinischen Studie), sondern auch die Planung und Durchführung von großer Bedeutung. Je mehr Probleme bei Planung und Durchführung auftreten, desto höher ist die Wahrscheinlichkeit, dass die Resultate nicht korrekt sind. Vor allem systematische Literaturstudien zeigen Probleme bei der Durchführung der untersuchten und zusammengefassten Studien auf. Anhand von im Voraus aufgestellten methodologischen Beurteilungskriterien kann man entscheiden, welche Studien die Mindestkriterien der Methodologie erfüllen. Je schlechter die Durchführung, umso geringer ist das Vertrauen in die Ergebnisse.

Vor ein paar Jahren veröffentlichte Literaturstudien (Kap. 1.9) von Verhagen et al. (1996) und Hoving et al. (1997) kommen zu folgender Schlussfolgerung: Bezüglich der Effektivität untersuchter Methoden können keine Aussagen gemacht werden, solange die Qualität der Studien selbst zu gering ist. Somit sind vermutlich viele Resultate unkorrekt.

1.4.3 Extrapolierbarkeit

Stets muss bei Studien nach der Extrapolierbarkeit, der Generalisierbarkeit gefragt werden. Lassen sich bestimmte Ergebnisse bei einer Patientengruppe ohne Weiteres auf andere Gruppen übertragen? Können beispielsweise die Resultate einer Studie an Patienten mit Nackenbeschwerden, die physiotherapeutisch behandelt werden, auf Patienten mit Nacken- *und* Schulterbeschwerden übertragen werden? Je enger die Kriterien einer Studie, desto geringer ist die Extrapolierbarkeit der Resultate für andere Umstände, d.h. andere Patientengruppen bzw. andere Behandlungen.

Raum für Notizen:

> **Beispiel**
> Nehmen wir an, es existiert ein erfolgreiches Trainingsprogramm zur Behandlung von Gehproblemen bei 4- bis 6-jährigen Patienten, das auch die Erlebniswelt und die sprachliche Entwicklung der Zielgruppe berücksichtigt. Jedem ist sofort klar, dass sich dieses Programm nicht auf eine Patientengruppe in einem Pflegeheim mit einem Durchschnittsalter von 80 Jahren übertragen lässt.

> **Merke**
> Werden in einer Effektivitätsstudie restriktive Zulassungskriterien angewendet, ist es sehr schwierig, die Ergebnisse der Studie in einer großen Bandbreite zu nutzen!

1.4.4 Anwendung adäquater statistischer Methoden

Die Auswahl und die Anwendung adäquater statistischer Methoden und ihrer Interpretation sind eine Kunst für sich. Dies gilt sowohl für den Untersucher als auch für den Leser der Ergebnisse. Nicht selten ist die Anwendung komplizierter statistischer Mittel bei relativ einfachen Fragestellungen ein Hinweis auf Korrekturen von Problemen während der Studie. Bevor sich der Leser in statistische Hypothesen vertieft, sollte er sich fragen, ob die nachgewiesenen Unterschiede überhaupt von klinischer Bedeutung sind.

1.4.5 Relevanz

Bei der Relevanz einer Studie handelt es sich um einen sehr dehnbaren Begriff. Patienten, Physiotherapeuten, Politiker, Kostenträger, alle sind an relevanten Studien interessiert –, doch jeder aus anderen Gründen und mit unterschiedlichen Belangen. Während sich Patienten und Therapeuten in ers-

Raum für Notizen:

ter Linie für die Qualität der geprüften Leistungen interessieren, fragen Politiker nach ihrer Verfügbarkeit und Kostenträger nach ihrer Zweckmäßigkeit, nach dem Kosten-Nutzen-Effekt. Selbst wenn alle die gleichen Begriffe verwenden, z. B. Qualität der Leistung, bestehen sehr unterschiedliche Vorstellungen über die Bedeutung der Begriffe. Patienten denken vor allem an die fachliche Versiertheit der Therapeuten und an Hygiene (Kerssens et al. 1995). Physiotherapeuten hingegen stellen sich die Förderung der kompetenten Auswahl und Durchführung diagnostischer und therapeutischer Techniken beispielsweise durch Weiterbildung vor (Askes et al. 1995).

1.5 Ist Skepsis gegenüber Effektivitätsstudien in der Physiotherapie angebracht?

Viele Physiotherapeuten nehmen Effektivitätsstudien gegenüber eine skeptische Haltung ein. Eine wesentliche Ursache dafür: Viele Studien scheinen darauf hinzuweisen, dass Physiotherapie nichts nützt.

> **Beispiel**
> Im Herbst 1991 erschien in Holland das inzwischen berühmt-berüchtigte Buch *Effektivität der Physiotherapie: Eine Literaturstudie* (Beckerman et al. 1991), das mit folgenden Aussagen auf die Titelseiten aller wichtigen Zeitungen gelangte: „Jährlich denken 2 Millionen Menschen, dass Physiotherapie hilft" und „Effektivität der Physiotherapie kaum nachgewiesen".

Die Antwort auf die oben gestellte Frage lautet: Nein! In Wirklichkeit ist die einzige Aussage der im Beispiel erwähnten Studie, dass „ […] in Anbetracht der geringen methodologischen Qualität der durchgeführten Effektivitätsstudien die Wirksamkeit der Physiotherapie bisher nur ungenügend nachgewiesen werden kann."

1.6 Welche Auswirkungen haben negative Ergebnisse von Effektivitätsstudien auf die Physiotherapie?

Negative Ergebnisse von Effektivitätsstudien erzeugen einen merkwürdigen Effekt. Mit jeder Studie, die nachweist, dass eine bestimmte Behandlung nicht wirkt, verschwindet – nach der Erfahrung der Autoren – der Glaube des Physiotherapeuten an sein eigenes Können. Dies wiederum hat zur Folge, dass die Effektivität im Alltag tatsächlich abnimmt. Um Patienten glaubwürdig und überzeugend behandeln zu können, muss der Behandler aber von der Effektivität seiner Behandlung überzeugt sein.

1.7 Welchen Einfluss haben spezifische und unspezifische Komponenten wirksamer Behandlungen auf Studienergebnisse?

Raum für Notizen:

Eine wirksame physiotherapeutische Behandlung besteht aus vielen verschiedenen Komponenten. Aus Sicht des Untersuchers der Behandlungen sind zwei besonders wichtig:
- Der *spezifische* Effekt der untersuchten Behandlung, z.B. Ultraschall oder Bewegungstherapie;
- Der *unspezifische* Effekt, z.B. das Auftreten des Therapeuten oder die Wahrnehmung der Therapie durch den Patienten.

Der unspezifische Effekt wird manchmal zu Unrecht mit dem Plazeboeffekt verwechselt –, und das, obwohl wahrscheinlich ein großer Teil der Effektivität einer physiotherapeutischen Behandlung auf unspezifischen Komponenten beruht. Es ist allerdings schwierig, diese Komponenten zu untersuchen.

Zum Glück sind sich die Untersucher bewusst, dass der maximale Behandlungseffekt stets von beiden Komponenten abhängig ist. Bei wissenschaftlichen Studien im Bereich der Physiotherapie werden deshalb immer häufiger besonders gut ausgebildete Therapeuten für die Vorbereitung und Durchführung engagiert (Beurskens et al. 1995; van der Heijden et al. 1996; de Bie et al. 1998). Aber selbst diese Vorgehensweise liefert noch keine 100%ige Erfolgsgarantie. Therapeuten müssen lernen zu erkennen, dass negative ebenso wie positive Ergebnisse wertvoll sind. Beide beeinflussen die Richtung der zukünftigen Entwicklung des Berufs und trennen die Spreu vom Weizen.

1.8 Vier gute Gründe für Effektivitätsstudien in der Physiotherapie!

Trotz der oben angeführten Probleme sprechen 4 gute Gründe bzw. Ziele für Effektivitätsstudien in der Physiotherapie:
- *Kenntnisse erweitern und Wissenslücken schließen.*
  Dies ist der offensichtlichste Grund. Das klingt sehr umfassend und ist auch so gemeint. Es reicht von den Grundlagen physiologischer Mechanismen über die Entwicklung und Anwendung von Behandlungsrichtlinien, der Nutzung prognostischer Modelle bis hin zur effizienteren Organisation einer Praxis.

Raum für Notizen:

- *Die Effektivität bestimmter Behandlungen nachweisen.*
  Untersuchungen mit diesem Ziel wurde bisher die größte Aufmerksamkeit geschenkt. Allerdings wurden meistens nur Teile einer Behandlung untersucht.
- *Systematische Verbesserung der physiotherapeutischen Maßnahmen am Patienten.*
- *Verbessern der theoretischen und praktischen Fähigkeiten der einzelnen Physiotherapeuten.*

Effektivitätsstudien sind die Methode der Wahl, um mindestens die 3 erstgenannten Ziele zu erreichen. Sie beantworten eine Kernfrage:
Sind die wahrgenommenen Effekte wirklich die Folge der untersuchten Behandlung oder sind andere Faktoren dafür verantwortlich, z. B. Faktoren seitens der Patienten (Spontanverlauf) oder der Therapeuten (unspezifische Affekte)?

1.9 Literaturstudien

Die oben aufgeführten Ziele, und besonders die ersten drei, lassen sich auch durch Literaturstudien erreichen (Kap. 2). In *Reviews* wird die Effektivität einer Behandlung durch die Beurteilung bisher erfolgter, wenn möglich randomisierter Studien untersucht. Resultate einzelner Studien werden zusammengefasst. Das Problem ist, dass die Qualität der einzelnen Untersuchungen großen Einfluss auf ihre Ergebnisse hat, was die Glaubwürdigkeit des Gesamturteils beeinträchtigt.

1.10 State of the art oder das „Mittel der Wahl"

Heute beginnt jede randomisierte klinische Studie mit einer ausführlichen Literaturübersicht. Die Anzahl der publizierten Reviews im Zusammenhang mit der Physiotherapie nimmt rasch zu. Viele Literaturstudien werden im Rahmen der internationalen Organisation *Cochrane Collaboration* (Kap. 2) durchgeführt.

Die 1992 gegründete Cochrane Collaboration (CC) wurde nach Archie Cochrane benannt, einem britischen Arzt und Epidemiologen. In dieser Organisation arbeiten ca. 2.000 Wissenschaftler zusammen, die systematisch Informationen aus Effektivitätsstudien sammeln. Die Effektivität der unterschiedlichen Leistungen im Gesundheitswesen wird in einer aktuellen Literaturübersicht zusammengefasst.

Ziele der Cochrane Collaboration:
- Die Cochrane Collaboration vertritt den Standpunkt, dass insbesondere Leistungen mit nachgewiesener Effektivität angeboten werden sollten.

- Die Koordination der Literaturstudien soll dazu beitragen, dass möglichst selten Arbeiten doppelt ausgeführt werden.
- Außerdem weist die Cochrane Collaboration Gebiete aus, zu denen es keine Literaturstudien gibt, die so genannten *weißen Flecken*.

Raum für Notizen:

Die Arbeit weniger bezahlter Mitarbeiter der Cochrane Collaboration wird von einer großen Gruppe freiwilliger Mitarbeiter unterstützt.

1.11 Evidence Based Medicine

Die Evidence Based Medicine besteht aus Leistungen, deren Effektivität wissenschaftlich bewiesen wurde (Sackett 1997). Die Basis bilden systematische Reviews und Metaanalysen. In Bezug auf die Physiotherapie befindet sich die Evidence Based Medicine noch in einem Anfangsstadium. Es muss jedoch das langfristige Ziel sein, das verfügbare Wissen für das tägliche Handeln in der Physiotherapie zu nutzen.

Das klingt einfach, ist es aber nicht! Zunächst einmal ist das verfügbare wissenschaftliche Wissen auf dem Gebiet der Physiotherapie zwar groß, aber von geringer Qualität bzw. Relevanz. Hinzu kommt, dass sich bisher erfolgte Effektivitätsstudien vor allem auf physikalische Maßnahmen beziehen. Bewegungstherapie und Massage lassen sich sehr schwer untersuchen. Dabei ist es – wie bereits erwähnt – besonders schwierig, den Einfluss der Persönlichkeit des Therapeuten auf den Effekt der Behandlung zu beurteilen. Ein großer Teil der täglichen Arbeit aller Angehöriger paramedizinischer Berufe ist wissenschaftlich noch kaum untermauert (Sackett et al. 1997).

Ein zweites Problem betrifft die methodologische Qualität der durchgeführten Studien. Sie ist oft gering. Daraus ergibt sich eine große Wahrscheinlichkeit, dass Resultate nicht richtig sind –, sei es durch Zufall oder Fehler während der Studie. Dies trifft aber nicht nur auf Studien im Bereich der Physiotherapie zu, sondern ist eine allgemeine Schwierigkeit.

Glücklicherweise sind jedoch Qualität und Anzahl der durchgeführten Studien in den letzten Jahren deutlich angestiegen, da immer mehr Physiotherapeuten wissenschaftliche Weiterbildungen besuchen und Untersuchungen für ihr Fachgebiet initiieren.

Evidence Based Medicine ist vor allem ein Prozess, bei dem sich Denken und Handeln aufgrund neuer wissenschaftlich untermauerter Erkenntnisse stetig ändern. Studienergebnisse in Kombination mit Erfahrung und Intuition bestimmen das physiotherapeutische Handeln. Wissenschaftliche Studien ermöglichen den Physiotherapeuten, ihr Wissen weiterzuentwickeln und sich von alten Theorien und Methoden zu trennen.

Relevante und wertvolle Literatur zu finden ist eine Sache, Studien und Resultate richtig zu interpretieren eine andere. Noch schwieriger ist die Umsetzung in die Behandlung der eigenen Patienten. Das erfordert gute Kenntnisse und Erfahrung mit Methoden und Techniken.

Raum für Notizen:

Es gibt viele Gruppen (Politiker, Versicherer, Beitragszahler), die zunehmenden Druck auf die Kostenträger ausüben, nur kosteneffektive Therapien zu bezahlen. So entstand das Bedürfnis nach Evidence Based Medicine. Auch die Physiotherapie ist davon betroffen. Für die Entwicklung der Berufsgruppe der Physiotherapeuten und ihre tägliche Arbeit ist der längst überfällige Einstieg ins wissenschaftliche Arbeiten von größter Bedeutung.

■ Literatur

Amberson JB, Mc Mahon BT, Pinner M. A clinical trial of sanocrysin in pulmonary tuberculosis. Am Rev Tuberc. 1931;24:401–435.

Askes HE, Wams HWA. Bij – en nascholing voor fysiotherapeuten; kwaliteit en kwaliteitscriteria. In: Jaarboek fysiotherapie, kinesitherapie. Houten: Bohn Stafleu van Loghum; 1995.

Beckerman H, Bouter LM. Effectiviteit van fysiotherapie; een literatuuronderzoek. Maastricht: Rijksuniversiteit Limburg; 1991.

Beurskens AJ, de Vet HCW, Köke AJ, et al. Efficacy of traction for non-specific low back pain: a randomised clinical trial. Lancet. 1995;340:1596–1660.

Bouter LM, van Dongen MCJM. Epidemiologisch Onderzoek: opzet en interpretatie. Derde, herziene druk. Houten: Bohn Stafleu van Loghum; 1995.

Chalmers I, Haynes B. Reporting, updating and correcting systematic reviews of the effects of health care. Br Med J. 1994;309:862–865.

Clarke MJ, Stewart LA. Obtaining data from randomized controlled trials: how much do we need for reliable and informative meta-analysis? Br Med J. 1994;309:1007–1010.

de Bie RA. Efficacy of laser therapy in ankle sprains. [proefschrift]. Maastricht: Universiteit Maastricht; 1997.

Eynsenk HJ. Meta-analysis and its problems. Br Med J. 1994;309:789–792.

Fountain FP, Gersten JW, Sengir O. Decrease in muscle spasm produced by ultrasound, hot packs and infrared radiation. Arch Phys med Rehab. 1960;293–298.

van der Heijden GJMG. Shoulder disorder treatment; efficacy of ultrasoundtherapy and electrotherapy. [Proefschrift]. Maastricht: Universiteit Maastricht; 1996.

Hoving JL, van der Heijden GJMG. Fysiotherapie bij heupklachten. Systematische review van klinisch effectonderzoek. Nederlands Tijdschrift voor Fysiotherapie. 1997;107:2–7.

Kerssens JJ, Jakobs C, Sixma H, van Campen C. Wat patiënten belangrijk vinden als het gaat om de kwaliteit van de fysiotherapeutische zorg. Nederlands Tijdschrift voor Fysiotherapie. 1995;105:168–173.

Knipschild PG. Some examples of systematic reviews. Br Med J. 1994;309:719–721.

Koes BW, Bouter LM, van Mameren H, et al. A blinded randomized clinical trial of manual therapy and physiotherapy for chronic back pain and neck complaints: physical outcome measures.JMPT. 1992;15:16–23.

Mulrow CD. Rationale for systematic reviews. Br Med J. 1994;309:597–599.

Oxman AD. Checklist for review articles. Br Med J. 1994;309:648–651.

Pocock SJ. Clinical trials, a practical approach. Chichester: Wiley. 1991.

Sackett DL, Richardson WS, Rosenberg W, Haynes RB. Evidence based medicine. New York: Churchill Livingstone; 1997.

Verhagen AP, Sijpkes P, de Vet HCW. Prognose van whiplash. Een systematische review. Nederlands Tijdschrift voor Fysiotherapie. 1996;106:135–141.

2 Literatursuche

Jan Kool

Raum für Notizen:

Häufiger Anlass für eine Literatursuche ist eine bei der Patientenbehandlung auftretende Frage, also eine Frage zu unserer täglichen praktischen Arbeit. Literatursuche bildet die Grundlage der Evidence Based Physiotherapie (als Teilgebiet der Evidence Based Medizin, s. Kap. 1), wobei die Ergebnisse wissenschaftlicher Arbeiten die Basis der Arbeit am Patienten darstellen. Auch für das Schreiben eines Artikels für eine Fachzeitschrift, einer Diplomarbeit oder für die Durchführung einer Studie ist die Literatursuche ein unbedingter Bestandteil.

2.1 Wie erfahre ich den aktuellen Wissensstand?

Grundsätzlich gibt es 4 Wege, die bei der Literatursuche parallel verfolgt werden:
- Expertenbefragung;
- Lehrbücher;
- Literaturangaben in Publikationen (Artikel und Handbücher);
- elektronische Datenbanken.

Expertenbefragung

Experten auf dem betreffenden Gebiet sind gute Ansprechpartner bei der Suche nach Publikationen. Sie können Autoren nennen, deren Arbeiten gelesen werden müssen, das Publikationsjahr und die Quelle der Publikation. Damit ist die entsprechende Literatur leicht zu finden. Meist weiß der Fachmann auch, ob eine Literatursuche zu einem bestimmten Thema überhaupt Aussicht auf Erfolg hat, oder er kennt möglicherweise andere Personen, die weiterhelfen könnten.

> **Beachte**
> Experten empfehlen häufig Artikel und Texte, die sie mögen. Das bedeutet, dass sie solche, die ihnen nicht gefallen, auch nicht weiter empfehlen.

Lehrbücher

Wie später noch ausführlich dargelegt werden wird (S. 18), sind Lehrbücher eine etwas gefährliche Quelle, da ihre Angaben oft nicht wissenschaftlich begründet sind und schnell veralten. Ein kritischer Umgang mit Lehrbüchern und eine ergänzende Literatursuche in Datenbanken und Zeitschriften ist unerlässlich.

Publikationen in Fachzeitschriften

Raum für Notizen:

Sehr ergiebig kann die Suche in Publikationen sein, da sie oft den bisherigen Wissensstand bereits in der Einführung besprechen. In der Diskussion am Ende eines Artikels werden zudem die Resultate mit denjenigen anderer Studien verglichen, wodurch sich frühere relevante Publikationen finden lassen. Hat man mehrere Artikel gelesen, fällt schnell auf, welche Publikationen immer wieder zitiert und bei den Experten als wichtig erachtet werden. Das führt dann zu einer Suchmethode, die als zeitlich „rückwärts" bezeichnet werden könnte, da die Publikationen eines Autors zurückverfolgt werden.

Zum Auffinden der neuesten Publikationen (zeitlich „vorwärts") ist z. B. der *Science Citation Index* geeignet. Dort wird aufgelistet, welche Autoren eine frühere Publikation zitieren. Der Science Citation Index ist in Universitätsbibliotheken zugänglich.

> **Beachte**
> Ein ansonsten guter Autor veröffentlicht nicht immer auch gute Artikel, und die am häufigsten angeforderten Arbeiten sind nicht immer die besten.

Datenbanken

Elektronische Datenbanken sind die wichtigste Quelle für die Literatursuche. Diese Quelle ist jedoch aus 2 Gründen nie vollständig:
- Keine Datenbank enthält alle relevanten Artikel.
- Keine Suchstrategie fördert alle in die Datenbank aufgenommenen Artikel zutage.

Bei der Nutzung von Datenbanken werden ausgehend von einer klar definierten Frage Suchwörter ausgewählt. Dabei sind möglichst standardisierte Begriffe (Medical Subject Headings, MeSH) einzusetzen. Mit der gezielten Verknüpfung verschiedener, nacheinander eingegebener Suchbegriffe (and-or-not; Boole-Suche, S. 23) wird das Suchergebnis eingegrenzt. Die Datenbank *MEDLINE* steht im Internet kostenlos zur Verfügung. Allerdings sind in vielen Datenbanken nur Zusammenfassungen (Abstracts) in englischer Sprache erhältlich. Unter folgenden Internetadressen finden sich kostenlose Suchmaschinen:
- Best evidence: www.acponline.org/catalogue/cbi/best.evidence.htm, www.medscape.com/Home/Search/forummedscape.html
- MEDLINE: www.ncbi.nlm.nih.gov/PubMed
- Evidence based Quellen: www.ovid.com

Andere kommerzielle, gebührenpflichtige Datenbanken wie *CINAHL* und *Excerpta Medica* (EMBASE) sind als Ergänzung empfehlenswert.

Nach der Lektüre der Zusammenfassungen der viel versprechendsten Artikel können Kopien der vollständigen Artikel, z. B. bei einer Universitätsbibliothek, bestellt werden.

Raum für Notizen:

Mit der Suche in Datenbanken werden sich die folgenden Abschnitte beschäftigen.

2.1.1 Problemorientierte Literatursuche

Das Wissen immer auf dem aktuellen Stand zu halten, stellt eine große Herausforderung dar. Besonders auf dem Gebiet der Physiotherapie hat die Forschung in den letzten 10 Jahren enorm an Umfang zugenommen. Deshalb trifft auch in der Physiotherapie zu, dass das Wissen eine Halbwertszeit von etwa 5 Jahren hat. Leider weiß der praktizierende Therapeut nicht, welchen Anteil seines Wissens dies betrifft! Daraus ergibt sich die Notwendigkeit, Studenten und Schüler während ihrer Ausbildung darauf vorzubereiten, ihre Kenntnisse regelmäßig und selbständig zu aktualisieren.

Studien zeigten, dass Studenten, die schon während der Ausbildung problemorientiert gelernt hatten, ihr Wissen nach der Ausbildung besser aktualisierten. Beim problemorientierten Lernen stehen nicht die Lösungen, sondern die Fragestellungen im Vordergrund. Erfolge hängen sehr stark von der Fähigkeit ab, relevante Information schnell zu finden. Diese Informationssuche kann einerseits zwar sehr zeitraubend und frustrierend, andererseits aber auch befriedigend sein, wenn z. B. das Verfassen einer Diplomarbeit gut gelingt. Das Verfassen von Projektarbeiten gehört zur Lernform des problemorientierten Lernens (Kap. 9).

Bei der Informationsbeschaffung spielt nicht nur die Fragestellung, sondern auch der Zugang zu Informationen liefernden Datenbanken eine entscheidende Rolle. Der Bereich der Datenbanken hat sich in den letzten Jahren enorm entwickelt. So hat heute jeder über Internet leichten Zugang zur *kostenlosen* MEDLINE-Datenbank.

Bei der Suche nach einer aktuellen Antwort zu einem bestimmten Problem empfiehlt Sacket (1997) die folgende Vorgehensweise:
1. Formulierung der Frage, die sich aus der Praxis ergibt.
2. Möglichst präzises Notieren der besten derzeit vorliegenden Antwort(en).
3. Auflistung der möglichen Informationsquellen (traditionelle und moderne).
4. Suche der Information.
5. Vergleich der neu herausgefundenen Antwort mit dem bisherigen Wissen.

2.1.2 Gezielte Fragestellung zur effizienten Suche

Wie bereits gesagt, ist ein zielgerichtetes Vorgehen eine unabdingbare Voraussetzung für die effiziente Literatursuche. Es ist zwar sehr unterhaltsam und interessant, mehr oder weniger ziellos durch eine Bibliothek zu spazieren, in den vielen Zeitschriften zu blättern oder in einer Datenbank zu stöbern. Und manchmal ist dieses Vorgehen nicht einmal sinnlos, da sich zufällig sehr interessante Artikel finden lassen. Dennoch, diese Art und Weise der

2.1 Wie erfahre ich den aktuellen Wissensstand?

Literatursuche bleibt ziemlich ineffizient und völlig ungeeignet, um schnell eine vorher formulierte Frage zu beantworten (Abb. 2.1).

Informationssuche benötigt sehr viel Zeit. Übung hilft, und gezieltes Vorgehen ist wichtig. Die Kunst besteht darin, die Suchstrategien derart zu optimieren, dass die Antwort in einer möglichst kurzen Zeit gefunden wird. Dies setzt die präzise Formulierung der Suchfrage voraus. Die Fragestellungen in der Physiotherapie für die Literatursuche betreffen in der Regel eines der folgenden Gebiete:

– *Diagnose:*
  Beispiel: Wie lassen sich die unterschiedlichen Ursachen von Schwindel bei der klinischen Untersuchung unterscheiden (z.B. Vestibulum, Blutdruck, HWS)?
– *Prognose:*
  Beispiel: Besitzt eine hohe Schmerzintensität (8–10 auf einer Skala von 0–10) bei Patienten mit chronischen Rückenschmerzen einen prognostischen Wert für die zukünftige Behinderung?

Raum für Notizen:

Abb. 2.1 Man verliert schnell die Orientierung im Informationsdschungel.

Raum für Notizen:

- *Nebenwirkungen:*
  Beispiel: Wie häufig treten nach Mobilisation der HWS mit Impuls Komplikationen auf?
- *Effektivität der Therapie:*
  Beispiel: Wie ist der derzeitige Wissensstand bezüglich der Behandlung lumbaler Rückenschmerzen in den ersten 6 Wochen?

Daneben interessieren im Zusammenhang mit der Physiotherapie auch die Nebenwirkungen von Therapien und die Qualität der Versorgung im Hinblick auf die Kosten-Nutzen-Beurteilung. Im Vergleich zur Medizin sind in diesem Bereich für die Physiotherapie allerdings noch kaum Angaben erhältlich.

2.2 Wie bleibe ich auf dem aktuellen Wissensstand?

„Die Bedrohung der Qualität unserer Arbeit kommt weniger von dem Gebiet, von dem wir wissen, dass wir eine Wissenslücke haben. Gefährlicher ist es, wenn wir nicht wissen, dass unser Wissen überholt ist" (Sacket 1997).

Viele halten das Lesen von Fachzeitschriften für die wichtigste Maßnahme, um auf dem aktuellen Wissensstand zu bleiben. Dabei ist jedoch zu berücksichtigen, dass uns dafür tatsächlich sehr wenig Zeit zur Verfügung steht, sodass es fraglich ist, ob sich das Ziel überhaupt erreichen lässt.

Vergleicht man die beiden Varianten Suche in der Literatur zur Lösung eines alltäglichen praktischen Problems und schlichtes Lesen von Zeitschriften, um auf dem Laufenden zu bleiben, lässt sich leicht feststellen, dass es viel effizienter ist, gezielt und problemorientiert nach Information zu suchen als nur Zeitschriften zu lesen. Dies besonders im Hinblick auf die Frage nach einem unmittelbaren Nutzen und einem dauerhaften Lerneffekt. Es ist also sinnvoll, mehr als die Hälfte der gesamten zur Verfügung stehenden Lesezeit für die gezielte Informationssuche einzusetzen.

Sacket bezweifelt den Sinn von Standardlehrbüchern, da es unwahrscheinlich ist, dass deren Abschnitte über Diagnostik, Prognose und Therapie das Computerzeitalter überleben werden (ebenso wenig wie die Dinosaurier die Eiszeit nicht überlebt haben). Auch ist zu bedenken, dass Lehrbücher leider keinen unangenehmen Duft von sich geben, sobald ihre Inhalte ungenießbar werden. Deshalb werden die Benutzer spezielle Detektoren entwickeln müssen, um zu verhindern, dass sie sich mit den ungenießbaren Inhalten vergiften und so ihren Patienten die momentan bestmögliche Behandlung vorenthalten:

„Auch für Lehrbücher in der Physiotherapie gilt, dass der momentane Wissensstand oft ungenügend berücksichtigt wird und die Lehrbücher schnell veraltet sind. Deshalb ist eine Datenbanksuche in der Regel unerlässlich" (Sacket 1997).

Raum für Notizen:

Sacket (1997) stellt auch die Behandlungsempfehlungen (engl. standards, guidelines) von Expertengruppen in Frage, da die so genannten Konsensuskonferenzen sehr oft nicht die Studienergebnisse berücksichtigen. Er führt das folgende Beispiel aus der Medizin an: Bei diagnostischen Maßnahmen im Zusammenhang mit Magengeschwüren werden von den Experten noch immer Empfehlungen gegeben, die nicht mit den neuesten Untersuchungen übereinstimmen. Dasselbe dürfte für die Physiotherapie zutreffen. In letzter Zeit werden für die Physiotherapie Behandlungsrichtlinien erstellt. Bei der kritischen Beurteilung dieser *Standards* muss jedoch darauf geachtet werden, ob diese Evidence-basiert sind. Viele der Richtlinien sind nämlich Konsensus-basiert (expert based) und berücksichtigen die Forschungsergebnisse nur unzureichend.

2.2.1 Zugang zu Datenbanken

Im Folgenden werden die Datenbanken *MEDLINE, Cochrane, EMBASE* und *CINAHL* und ihre jeweiligen Angebote vorgestellt. Von den genannten ist MEDLINE und PEDro kostenlos zugänglich, während die anderen nur gegen Gebühr benutzt werden können. Viele Forschungsinstitute und Kliniken besitzen eine Lizenz für den Zugang zu bestimmten Datenbanken.

2.2.2 Abschnitte einer Publikation in der Datenbank

In der Datenbank sind die verschiedenen Publikationen beispielsweise in folgende Abschnitte untergliedert (in Klammer steht jeweils der englische Ausdruck und das Kürzel):
- Autor (author, AU);
- Titel (title, TI);
- Erscheinungsjahr (year of publication, PY);
- Art der Publikation (type of publication, PT);
  - Zeitschriftenartikel;
  - Kongressbericht;
  - Kommentar;
  - Editorial;
- Zusammenfassung (abstract, AB);
- Quelle (source, SO);
- Schlüsselwörter (keywords, medical subject headings, M);
- Sprache (language, LG);
- Erscheinungsland (country of publication, CP).

Die Kürzel dienen der Präzisierung der Suche.

Raum für Notizen:

▰ MEDLINE – http://www.nlm.nih.gov

Diese Datenbank wird von der *National Library of Medicine* (NLM; Nationale Bibliothek für Medizin der USA) angeboten und geht bis ins Jahr 1966 zurück.

MEDLINE ist die weltweit größte allgemeine biomedizinische Datenbank. Da sie auch eine der ersten zugänglichen medizinischen Datenbanken war, sind die meisten Nutzer bestens mit ihrer Anwendung vertraut. Aufgrund ihrer enormen Größe (ca. 10. Mill. Quellen, mit steigender Tendenz) und Bandbreite, findet sich für jeden „etwas". Es ist jedoch nicht einfach, genau das zu finden, was man sucht (Abb. 2.**2**).

▰ EMBASE – http://www.elsevier.nl

Dabei handelt es sich um eine kommerzielle Datenbank des Herausgebers *Elsevier Sciences* in Amsterdam, die Zusammenfassungen medizinischer Publikationen beinhaltet (lat. Excerpta Medica, EM). Der private Zugang zu EMBASE ist sehr teuer, weshalb sich der Zugriff eher über Bibliotheken oder Kliniken empfiehlt.

Abb. 2.2 Sie werden staunen, welche Informationsmengen Sie auf nicht ausreichend spezifizierte Anfragen bekommen!

■ Cochrane – http://cochrane.kfinder.com

Raum für Notizen:

Archie Cochrane begründete die *Evidence Based Medicine* (s. Glossar). Die Cochrane-Datenbanken stellen wahrscheinlich die wertvollste Übersicht über den momentanen Wissensstand dar. Hier sind beispielsweise die Abstracts von Reviews der *Cochrane Collaboration* aufgeführt. Die Reviews können auch einzeln bestellt werden und liefern Hinweise auf weitere wichtige Publikationen.
- http://cochrane.kfinder.com: Verbindungen zu allen Cochrane-Datenbanken;
- http://www.cochrane.de/cc/cochrane/revabstr/mainindex.htm: Zusammenfassungen der Reviews von Effektivitätsstudien (kostenloser Zugang).

Die Cochrane Library besteht beispielsweise aus folgenden Abteilungen:
- Systematische Reviews (Übersichtsartikel – gebührenpflichtig);
- Zusammenfassungen der Reviews von Effektivitätsstudien (kostenlos);
- Übersicht über randomisierte klinische Studien (gebührenpflichtig).

Die Cochrane Library ist neben dem Internetzugang auch auf CD erhältlich. Die individuelle Nutzungsgebühr beträgt ca. DM 350,– pro Jahr, einschließlich der Lieferung der neuesten Updates (Auskunft: info@update.co.uk).

■ CINAHL – http://www.cinahl.com

CINAHL (Cumulative Index to Nursing & Allied Health Literature) umfasst mehr als 100 Zeitschriften im Bereich der Physiotherapie und Rehabilitation, die größtenteils nicht in MEDLINE zu finden sind. Der Zugang zur Datenbank über das Internet ist ab $ 50 für 15 Stunden erhältlich, Artikel können für ca. $ 12 bestellt werden.

■ Nederlands Paramedisch Instituut – http://www.paramedisch.org/npi/INDEX.htm

Diese über das Internet zugängliche niederländische Datenbank (wahlweise in niederländischer oder englischer Sprache) enthält ebenfalls viele Publikationen, die nicht in MEDLINE aufgenommen sind.

■ PEDro – http://www.cchs.usyd.edu.au/pedro

Diese Datenbank (Physiotherapie Evidence Datenbank) wurde speziell für die Physiotherapie zusammengestellt und enthält Effektivitätsstudien (einschließlich qualitative Einstufung) und Reviews. Die Links zu anderen Datenbanken und Informationsquellen sind sehr gut.

Raum für Notizen:

2.2.3 Effiziente Suche in Datenbanken durch standardisierte Suchwörter

Es ist nicht ganz einfach, die relevanten Artikel aus einer Datenbank zu selektieren. Eine Trefferquote „0" ist ebenso ärgerlich wie sehr hohe Trefferquoten. Beides kommt zwar immer wieder vor, glücklicherweise gibt es jedoch bestimmte Tricks, um dies zu umgehen.

Bei einer Suchaktion werden in der Regel nicht alle relevanten Artikel identifiziert (vergleichbar mit der üblicherweise 100%igen Sensitivität eines *diagnostischen Tests*, S. 94). Zudem können dabei auch Artikel aufgelistet werden, die überhaupt nicht relevant sind. Diese Negativerscheinungen lassen sich durch eine spezifische Suchstrategie deutlich verringern.

■ Anfrage mithilfe von Suchwörtern

- Bei MEDLINE finden sich optimale Suchwörter im *Thesaurus*, einer systematischen Übersicht standardisierter Suchwörter (Medical Subject Headings, MeSH): http://www.nlm.nih.gov/cgi/mesh.
- Schlüsselwörter aus Publikationen übernehmen.

Beispiel 1

Suche nach *Hemiplegie*
Hier stellt sich das Problem, dass für diese Diagnose viele Synonyme existieren. Bei der Suche nach Cerebrovascular disorders im Thesaurus werden z. B. folgende Begriffe aufgelistet:
- nervous system diseases;
    -- brain diseases;
       -- **cerebrovascular disorders**
           -- Cerebral ischaemia;
           -- Cerebral infarction;
           -- Cerebral haemorrhage;
           -- Und ca. 15 weitere Begriffe.

Für ein optimales Suchergebnis müssten alle Begriffe eingegeben werden, was sehr aufwändig wäre. Mit dem Auftrag ‚EXPLODE Cerebrovascular disorders' wird automatisch auch nach allen diesem Begriff untergeordneten Begriffen gesucht, unter anderem Cerebral ischaemia, Cerebral infarction, Cerebral haemorrhage.

Beispiel 2

Suche nach *Befundaufnahme der Physiotherapie*
Auch hier gibt es viele mögliche Suchwörter unter einem standardisierten übergeordneten Begriff.
Im Thesaurus finden wir unter Physical examination (somatischer Befund):

Beispiel 2 Fortsetzung
Diagnosis;
—— Diagnostic techniques and procedures;
—— Physical examination;
—— Palpation;
—— Range of Motion.

Raum für Notizen:

Dabei beinhaltet Palpation auch passive manuelle Untersuchungen.

Merke
Der MeSH-Thesaurus wird zwar regelmäßig aktualisiert, für neue Konzepte oder solche, die innerhalb der Medizin unbekannt sind, ist die Suche nach MeSH-Begriffen unmöglich. In diesen Fällen ist es empfehlenswert, eigene spezifizierte Suchwörter einzugeben. Hier ist es wichtig, auch im Text zu suchen.

Boole-Suche

Mit der gezielten Kombination der Suchbegriffe lässt sich die Trefferquote verbessern. George Boole, ein britischer Mathematiker (1815–1864) legte den Grundstein für die mathematische Logik, von der diese so genannte Boole-Suchmethode abgeleitet wurde. Der Reichtum unserer Sprache allerdings erschwert eine leichte Identifikation von Publikationen. So ist es z.B. möglich, dass in der einen Publikation über die aktive Rehabilitation eines Kniegelenks gesprochen wird und das Wort Physiotherapie oder Bewegungstherapie (Exercise Therapy) nicht vorkommt, während in einer anderen Publikation einer dieser beiden Begriffe benutzt wird. Um alle Publikationen zu finden, ist daher eine Kombination der Begriffe nützlich, z.B. Rehabilitation OR Physical therapy OR Exercise therapy (Bewegungstherapie) (Abb. 2.3a).

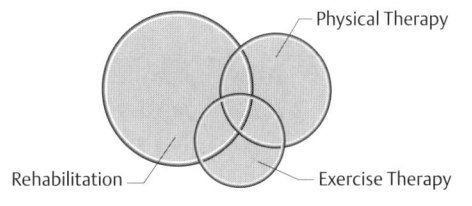

Abb. 2.3a Durch die Verknüpfung der 3 Suchbegriffe mit „OR" wird die Suche erweitert, so dass die Anzahl der Ergebnisse steigt.

Raum für Notizen:

Die in Tabelle 2.1 angeführten Beispiele geben eine Übersicht der wichtigsten Möglichkeiten für Kombinationen.

Tabelle 2.1 Beispiele für Kombinationsmöglichkeiten der Suchbegriffe

Operation	Symbol	Beispiel	Ergebnis
und	AND	knee injury AND randomised clinical trial	sucht alle Dokumente, in denen sowohl *knee injury* als auch *randomised clinical trial* vorkommen
oder	OR	rehabilitation OR physical therapy	sucht alle Dokumente, in denen *rehabilitation* oder *physical therapy* oder beide Begriffe vorkommen
Nicht	NOT	Rehabilitation NOT medication	sucht alle Dokumente, in denen *rehabilitation*, aber nicht *medication* vorkommt
Wildcards (Platzhalter)	*	hemipleg* M*ller	findet z. B. hemiplegia, hemiplegic findet z. B. Müller, Mueller, Miller
Autorensuche	in AU	Miller in AU	sucht alle Arbeiten, die von einem Autor namens Müller verfasst wurden
zeitliche Einschränkung	PY = ... (publication year bzw. Erscheinungsjahr)	PY = 1996 – 1999	sucht alle Publikationen zwischen 1996 und 1999
Studien bei Menschen		pertaining to humans	Einschränkung auf Studien bei Menschen

Sinnvoll ist auch die Einschränkung auf die englische Sprache und auf Publikationen, von denen eine Zusammenfassung in MEDLINE erhältlich ist *(abstract available)*. Diese beiden Optionen werden bei den meisten Suchprogrammen angeboten.

Als Wiederholung und Zusammenfassung werden die einzelnen Schritte durchlaufen, um einen Suchbefehl für MEDLINE mit der Fragestellung zu formulieren: Was ist über die Effektivität (1) von Physiotherapie (2) nach einer Knieverletzung (3) bekannt?
(1) Effektivität heißt auf Englisch *Effectiveness*.
(2) Welches Suchwort ist zur Beschreibung der Behandlung geeignet? In der Literatur über die Nachbehandlung einer nichtoperierten Knieverlet-

zung sprechen die Autoren abwechselnd über Bewegungstherapie *(exercise therapy)*, Physiotherapie *(physical therapy)*, Rehabilitation und Elektrotherapie. Es stellt sich heraus, dass *exercise therapy* und *Elektrostimulation* (electric stimulation therapy) Unterbegriffe bilden und mit EXPLODE Physical therapy in die Suche mit einbezogen werden.

Raum für Notizen:

Suchbegriffe sind z. B.:
Therapeutics;
– Physical therapy;
— Balneotherapy;
— Cryotherapy;
— Drainage, postural;
— Electric stimulation therapy;
— Exercise therapy;
— Continuous passive motion therapy;
— Hydrotherapy.

(3) Knieverletzungen werden unter Injuries als Knee injuries definiert. Suchbegriffe sind z. B.:
Injuries;
— Wounds and injuries;
— Leg injuries;
— Knee injuries.

> **Merke**
> Der Suchbefehl lautet demzufolge Effectiveness AND Knee injuries AND Explode [Physical therapy].

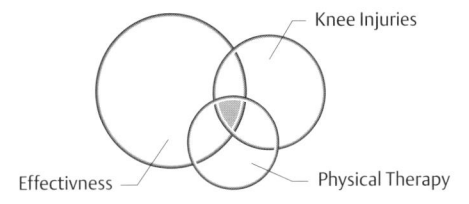

Abb. 2.3 b Durch die Verknüpfung der 3 Suchbegriffe mit „AND" wird die Suche auf Studien begrenzt, die alle 3 Begriffe beinhalten.

Die wichtig erscheinenden Publikationen können in einer Bibliothek bestellt und die Zusammenfassungen aus dem Internet heruntergeladen werden.

Bibliotheken

Bibliotheken sind vielfach im Internet erreichbar. Bibliothekskataloge geben Auskunft darüber, welche Bücher und Zeitschriften erhältlich und ob Kopien von Artikeln bestellt werden können. Hier eine Zugangsauswahl:
– *Deutschland:* Die Zentralbibliothek der Universität Köln hat eine Webseite mit wichtigen Links (Verbindungen zu anderen Webseiten) und guten Informationen über vorhandene Literatur und elektronische Zeitschriften (Joseph-Stelzmann-Str. 9, D-50931 Köln, Tel. (0221) 4 78 56 08, Fax: (0221) 4 78 56 97, E-Mail: zbmed.zbmed@uni-koeln.de).

Raum für Notizen:

- *Schweiz:* http://www.ub.unibas.ch/neu/. Die Bestände der Medizinbibliothek (Zeitschriften, Bücher und andere Medien) werden im Online-Katalog des deutschschweizerischen Bibliotheksverbunds nachgewiesen. Die thematische Suche im Katalog erfolgt mit englischen standardisierten Suchbegriffen: Medical Subject Headings (MeSH).
Im schweizerischen Zeitschriftengesamtkatalog (http://www.snl.ch/rpvz/english/) ist dokumentiert, ob und in welcher Bibliothek Zeitschriften vorhanden sind.
- *Österreich:* http://www.bibvb.ac.at/verbund-opac.htm. Die Zentralbibliothek für Medizin in Wien und über 25 andere Bibliotheken bieten sowohl einen Gesamtkatalog als auch einen Teilkatalog der Zeitschriften an.
- *Andere Länder:* Die Webseite http://www.snl.ch/rpvz/english/ des schweizerischen Zeitschriftengesamtkatalogs besitzt auch Links zu diversen Datennetzwerken, sodass auch weltweit Kataloge anderer Bibliotheken eingesehen werden können.

Wie genau bestellt man nun einen Artikel?

- Deutschland:
  - Internetseite DIMDI – „Das günstigste Angebot, nur selber hinfahren und kopieren ist billiger". Artikel können bei DIMDI, dem Deutschen Institut für medizinische Dokumentation und Information (http://www.dimdi.de) bestellt werden. Bestellung und Lieferung sind per Post, Fax und E-Mail möglich. Der billigste Tarif für Artikel mit einem Umfang bis 20 Seiten beträgt DM 5,00 für nicht eilige Lieferungen per E-Mail.
  - Teurer ist das Angebot von *Infotrieve Europe* in Köln mit Kosten von 20–30 DM pro Artikel (http://www.infotrieve.com/germany/service_e.htm).
- Schweiz:
  - Kopien von Artikeln können mit einem so genannten *Interbibliothekarischen Bestellschein für Bücher und Fotokopien* bestellt werden (SFr. 8,–).
  - Der Dokumentationsdienst der *Swiss Academy of Medical Sciences* (http://www.sams.ch/services/hc-info.html) liefert Kopien bis 20 Seiten für SFr 17,00.
- Österreich: Bibliotheken können für ÖS 5,– pro Seite Kopien von Artikeln bei anderen Bibliotheken bestellen.
- Andere Länder: Karger (http://www.karger.com/perl/ofpdf.pl) hat mehrere hundert Zeitschriften elektronisch zugänglich gemacht, deren Zusammenfassungen gratis abgerufen werden können. Die Artikel können per E-Mail bestellt werden, was allerdings eine kostspielige Sache ist ($ 25).

Literatur

Sackett DL, Richardson WS, Rosenberg W, Haynes RB. Evidence Based Medicine. New York: Churchill Livingstone; 1997.

3 Randomisierte kontrollierte Studien

Rob de Bie

Raum für Notizen:

3.1 Haben Physiotherapeuten Angst vor Studienergebnissen?

Während eines Gesprächs mit einem Physiotherapeuten fragte ich ihn, was er von der neuen Studie hielt, die vor kurzem im British Medical Journal über das beste Behandlungskonzept für Schulterbeschwerden veröffentlicht wurde (Winters et al. 1998). „Die find ich nicht so gut", antwortete er. „Warum?", fragte ich. „Also, erst einmal zeigt sich, dass die Physiotherapie unwirksam ist." „Das ist kein richtiger Grund", argumentierte ich, denn viele Studien zeigen, dass die Physiotherapie unwirksam ist. Zudem weisen auch viele Studien auf anderen Gebieten keine Wirkung nach. „Gut, da haben Sie recht, aber trotzdem bin ich generell nicht für experimentelle Forschung in der Physiotherapie. Sie ist zu starr und lässt keinen Platz für individuelle Bedürfnisse. Ich glaube, meine Behandlung sähe anders aus, meine Patienten wären anders, und meine Bewertungsmaßstäbe wären auch nicht die gleichen. Anders ausgedrückt, meine Kriterien für die klinische Relevanz würden sich so stark von jenen unterscheiden, die im Allgemeinen in diesen Studien beschrieben werden, dass die Resultate keine Bedeutung für mich haben. Zudem könnte ich diese Behandlung nicht in meiner eigenen Praxis durchführen." Diese Argumentation ist uns allen durchaus vertraut. Umso mehr drängt sich die Frage auf, warum Wissenschaftler die randomisierte kontrollierte Studie (Randomised Clinical Trial = RCT) nach wie vor für den *Gold-Standard* (s. Glossar) der Forschung halten. Der Begriff *randomisieren* kommt aus dem Englischen und bedeutet: aus einer Gesamtheit von Elementen eine zufällige Auswahl treffen.

Zunächst folgt ein kurzer historischer Überblick über die Entwicklung des Stadiums von Versuch und Irrtum, des *Trial-and-error-Denkens* mit Beispielen hin zur Entwicklung des kontrollierten Versuchs, zum Einsatz einer Plazebogruppe und zur Einführung der Randomisierung. Danach wird das Modell einer randomisierten kontrollierten Studie vorgestellt und seine Stärken und Schwächen ausführlich erläutert.

3.2 Vom Trial-and-Error-Denken zur kontrollierten Studie

Die Menschen versuchen schon seit jeher, die Wirkung ihrer Handlungen zu beurteilen. Natürlich muss nicht jede Handlung bewertet werden. So wäre die Beurteilung von Handlungen nach dem Motto „Auge um Auge, Zahn um Zahn" oder „Kopfschmerzen heilt man durch Köpfen" reine Zeitverschwendung.

Behandlungseffekte in der medizinischen Versorgung werden schon seit langem genauer untersucht. Das vielleicht berühmteste Experiment ist jenes, das der Brite James Lind (1753) zur Behandlung des Skorbuts durchführte.

3.2.1 Die erste kontrollierte klinische Ernährungsstudie am Menschen

Raum für Notizen:

Lind, Maat des Schiffsarztes bei der Royal Navy, schrieb in seiner Abhandlung über den Skorbut: „Am 20. Mai 1747, auf hoher See, wählte ich an Bord der Salisbury zwölf Patienten mit Skorbut aus. Ihre Fälle waren so ähnlich, wie ich sie wollte" (Lind 1753).

Er untersuchte verschiedene, damals propagierte Heilmittel auf ihre Wirkung als Antiskorbutika: „Alle erhielten eine einheitliche Diät. Zwei von ihnen wurde täglich ein Viertelliter Cider verordnet, zwei andere nahmen 25 Schlucke Vitriol-Elixier, zwei wurden einer Meerwasserkur unterzogen. Zwei weitere erhielten jeden Tag jeweils zwei Apfelsinen und eine Zitrone, zwei andere nahmen eine ganze Muskatnuss zu sich."

Muskatnuss war das damals übliche Therapeutikum. Sein Experiment erbrachte den eindeutigen Beweis für den kurativen Wert von Apfelsinen und Zitronen und war außerdem die erste kontrollierte klinische Ernährungsstudie am Menschen. Lind schied 1 Jahr nach seinem berühmten Experiment aus der Marine aus, studierte Medizin und wandte sich der Privatmedizin zu. 10 Jahre später wurde er Arzt am Royal Navy Hospital in Portsmouth.

Trotz des eindeutigen Ergebnisses seiner Studie sprach sich Lind weiterhin für „reine trockene Luft" als Therapie der Wahl aus und empfahl Obst erst an zweiter Stelle. Im Übrigen dauerte es 50 Jahre – hauptsächlich wegen der Kosten –, bis alle Schiffe der Royal Navy mit Zitronensaft versorgt waren.

3.2.2 Einführung des Plazebos

Ein weiterer Schritt auf dem Weg zur modernen klinischen Forschung war die Einführung des Plazebos im Jahr 1863 (Abb. 3.1). Sir William Gull, erster Leibarzt der Königin von Großbritannien, war ein Arzt der Reichen und Berühmten. In jenen Tagen litten die meisten adligen Damen jedoch an recht exotischen Krankheiten, die größtenteils durch Langeweile bedingt waren. Ein verbreitetes Beschwerdebild zu dieser Zeit war Rheuma.

Gull merkte ziemlich schnell, dass die vorgegebene Krankheit nicht wirklich bestand und verordnete ein recht teures Medikament, das *aqua pip mentha*. Sein Hauptbeweggrund war recht modern. Er wusste, dass Medikamente bei Gesunden Schaden anrichten können. Das von ihm verordnete Medikament war in Wahrheit nichts Anderes als Pfefferminzwasser, wirkte jedoch ziemlich gut. Es war teuer, sah aus wie ein echtes Medikament und seinen Patienten ging es besser (Abb. 3.2).

Abb. 3.1

Abb. 3.2

3.2.3 Einführung der Randomisierung

Raum für Notizen:

Ein dritter bedeutender Schritt in der Entwicklung der modernen randomisierten kontrollierten Studie war die Einführung der Randomisierung. Die erste Studie, in der eine Randomisierung beschrieben wurde, war die von Amberson et al. (1931). Sie hatten bereits erkannt, wie wichtig es ist, dass die Verteilung aller Faktoren – bekannter und unbekannter, messbarer und nicht messbarer – rein zufällig erfolgt.

Wird heute über klinische Studien gesprochen, ist schon fast automatisch davon auszugehen, dass sie randomisiert sind. Dennoch gibt es nach wie vor viele Forschungsgebiete, in denen eine Randomisierung nicht möglich ist (z. B. Rauchen und Lungenkrebs).

3.3 Grundmodell einer randomisierten kontrollierten Studie

Pocock (1991) beschrieb eine klinische Studie folgendermaßen:

> **Definition klinische Studie**
>
> Als klinische Studie gilt jegliche Form eines geplanten Experiments mit Patienten, dessen Ziel es ist, die beste Therapie für zukünftige Patienten mit einem bestimmten Gesundheitsproblem herauszufinden.

Um eine klinische Studie richtig durchzuführen, ist ein Konzept erforderlich, das die folgenden 10 Komponenten umfasst:
- Fragestellung;
- Definition der Wirkung;
- Definition der Intervention;
- Auswahl der Studiengruppe;
- Randomisierung und a priori-Stratifizierung;
- Ermittlung der Ausgangswerte;
- Compliance und Studienabbrüche;
- Blindierungstechniken;
- Beschreibung der Nebenwirkungen;
- Auswertung.

Die hier mehr oder weniger chronologisch aufgelisteten Begriffe werden nachfolgend erläutert. Alle Komponenten zusammen ergeben eine randomisierte kontrollierte Studie. Allerdings bedeutet die bloße Addition der Komponenten nicht automatisch eine gute Versuchsanordnung.

Die Kunst des Studiendesigns erfordert nicht nur ein hohes Maß an wissenschaftlichem Denken, sondern auch eine ganze Menge Kreativität.

Raum für Notizen:

3.3.1 Fragestellung

Soll etwas erforscht werden, liegt in den meisten Fällen bereits eine (mehr oder weniger vage) Vorstellung von dem vor, was herausgefunden werden soll. Daher ist Personen, die vorgeben, ihre brillantesten Forschungsideen seien ihnen aus heiterem Himmel eingefallen, niemals Glauben zu schenken. Die Mehrheit der Forschungsideen entwickelt sich allmählich. Fragestellungen oder interessante Hypothesen entstehen durch harte Arbeit, indem über Neben- und Umwege der Denkprozess immer wieder variiert oder gar verlassen wird, bis schließlich der Kern des zu Erforschenden erreicht wird.

Der Vorgang der Hypothesenbildung wird als *deduktiv* oder *induktiv* bezeichnet. Deduktiv bedeutet, dass zur Hypothesenbildung der Einzelfall aus dem Allgemeinen abgeleitet wird. So kann man untersuchen, ob bestimmte Gesetzmäßigkeiten in bestimmten Fällen auftreten. Unter induktiv versteht man dagegen, dass vom Einzelfall auf das Allgemeine geschlossen wird. Es wird also untersucht, ob einzelne Beobachtungen gesetzmäßig auftreten.

Beispiel

Deduktive Hypothesenbildung – Aus der Feststellung, dass es bei 10-jährigen Inline-Skatern in Schleswig-Holstein, Hessen und Berlin vermehrt zu Unfällen kommt, lässt sich die Hypothese ableiten, dass dies bei 10-jährigen Bayern ebenfalls der Fall sein könnte.
Induktive Hypothesenbildung – Aus der Tatsache, dass es sich bei einem Tier, das Milch gibt und „muh" macht, um eine Kuh handelt, lässt sich ableiten, dass alle Tiere, die auch Milch geben und die gleichen Laute von sich geben auch Kühe sind.

Nach der Aufstellung der Hypothese werden die Zielsetzung und die Fragestellung der Studie so klar wie möglich formuliert. Sie bilden den Maßstab, nach dem alle Komponenten der geplanten Arbeit beurteilt werden.

3.3.2 Definition der Wirkung

Angenommen, es soll untersucht werden, ob die Lasertherapie ein wirksames Behandlungsverfahren bei Patienten mit akuter Verstauchung des oberen Sprunggelenks darstellt. Aus der Literatur ist bekannt, dass Verstauchungen des Sprunggelenks in der Regel mit Schmerzen, Schwellung, Funktionseinschränkung bei den täglichen Aktivitäten und mit Krankschreibung einhergehen. Nun ist zu überlegen, welche Wirkung von der Lasertherapie zu erwarten ist bzw. welche Wirkung gemessen werden soll. Soll beispielsweise die Schmerzreduzierung untersucht werden, ist festzulegen, welches Maß an Schmerzlinderung als Wirkung aufzufassen wäre. Aus Sicht der Krankschreibung wäre wahrscheinlich die Untersuchung des Arbeitsausfalls interessant.

Raum für Notizen:

Viele Wirksamkeitskriterien werden – so geeignet sie erscheinen mögen – erst einmal auf ihre Messbarkeit, d. h. ihre *Validität, Präzision* und *Objektivität* hin untersucht.

> **Definition Validität (Gültigkeit)**
> Das Instrument misst, was es messen soll. Es wird wirklich nur das zu untersuchende Kriterium und keine anderen Faktoren gemessen.

> **Definition Präzision (Wiederholbarkeit oder Reliabilität)**
> Sie gibt Auskunft über die Zuverlässigkeit des Instruments. Bei einer Wiederholung der Messung werden die gleichen Ergebnisse erzielt.

> **Definition Objektivität**
> Unterschiedliche Untersucher kommen bei der Messung unabhängig von persönlichen Faktoren, wie z. B. Stimmungen, Meinungen usw. zu den gleichen Ergebnissen.

Am sichersten ist es, wenn es für den untersuchten Faktor validierte und international anerkannte Messinstrumente gibt. Beispiele dafür sind für Schmerzen der *McGill-Schmerzfragebogen* (Melzack 1975) oder eine grafische *Beurteilungsskala* (Revill 1976). Da viele Messinstrumente jedoch nicht validiert oder einfach nicht verfügbar sind, gilt es häufig, sich selbst etwas auszudenken.

Nach der Bestimmung des Messverfahrens bleibt noch zu klären, wann und wie oft die Messung vorzunehmen ist. Es ist offensichtlich, dass die Körpertemperatur bei akuter Grippe im Abstand von einigen Stunden gemessen werden muss. Doch wie häufig sind Schmerzen bei einem Patienten mit chronischen Kreuzschmerzen zu messen: jeden Tag, jede Woche oder nur einmal im Monat? Dieser Aspekt hängt zum Teil auch von der Größe und dem Verlauf der zu messenden Wirkung ab. Ist auf kurzfristige Sicht eine sehr geringe Wirkung zu erwarten, ließen sich die Messungen in größeren Zeitabständen vornehmen. Ändert sich der Wirkungsverlauf (z. B. erst Ab- und dann Zunahme der Leukozytenzahl) ist eine Abweichung von der Skala zu erwarten, wird der Zeitpunkt der Änderung festgehalten.

Auf Messungen und Messinstrumente wird ausführlich in Kapitel 5 eingegangen.

3.3.3 Definition der Intervention

Randomisierte kontrollierte Studien werden in den unterschiedlichsten Formen durchgeführt. Bei der einfachsten Versuchsanordnung gibt es 2 Gruppen:

Raum für Notizen:

– Gruppe 1 erhält die zu untersuchende Behandlungsform;
– Gruppe 2 erhält eine alternative (Kontroll- oder Standard-) Therapie.

Die Auswahl der Behandlungsform sollte theoretisch danach erfolgen, welche der verfügbaren Therapiearten für die zu behandelnde Erkrankung die größte Wirksamkeit verspricht. In der Praxis fällt die Entscheidung zugunsten der favorisierten Behandlungsform, die die Grundlage der Ausgangshypothese bildet.

Die richtige Wahl der Kontrolltherapie ist schwieriger. In Frage kommen die üblichen Behandlungsverfahren, vor allem dann, wenn es sich bei der experimentellen Behandlung um eine neuere Therapieform oder ein Plazebo handelt. Ein *Plazebo* zeichnet sich dadurch aus, dass es genauso aussieht wie die experimentelle Behandlung, der spezifische, für die therapeutische Wirkung verantwortliche Faktor aber neutralisiert ist. Eine dritte, scheinbar logische, aber oft nicht als vertretbar erachtete Behandlungsalternative, ist die *Nichtbehandlung*. Viele Angehörige der Heil- und Gesundheitsberufe halten eine Nichtbehandlung für unethisch. Dieses Problem lässt sich durch die „Wartelistenstrategie" praktisch umgehen. Zwar werden letzlich alle Patienten behandelt, einige müssen jedoch etwas länger warten und dienen somit als Kontrolle für die Experimentalgruppe.

Die schwierigste Aufgabe bei vielen Studien und auch in der physiotherapeutischen Forschung besteht darin, glaubwürdige Behandlungsarten für alle Versuchsgruppen zu finden, gleichzeitig aber einen ausreichend großen Kontrast zwischen den Versuchsgruppen sicherzustellen. Unter Kontrast ist zu verstehen, dass sich die Therapieformen ausreichend stark voneinander unterscheiden, sodass sie unterschiedliche Wirkungen erwarten lassen.

Angenommen, es werden Behandlungskonzepte für Kreuzschmerzen untersucht, wobei eine Gruppe Manuelle Therapie und die zweite andere physiotherapeutische Behandlungsverfahren erhält. Wird die Mobilisation nun aber als Grundbestandteil der gängigen physiotherapeutischen Behandlung erachtet, so würde sich die Behandlung der zweiten Gruppe kaum von der Manuellen Therapie unterscheiden. Damit erhielten beide Gruppen letztlich in etwa die gleiche Therapie, die sich nur dem Namen nach unterscheidet.

3.3.4 Auswahl der Studiengruppe

Je nach Art der zu untersuchenden Fragestellung wird eine bestimmte Gruppe von Patienten oder Personen definiert, die für die Teilnahme an der Studie in Frage kommen. Das sind die, bei denen die geplante Behandlungsform mit der höchsten Wahrscheinlichkeit eine therapeutische Wirkung erzielen wird. Meistens handelt es sich um Personen mit einer bestimmten Erkrankungsart oder in einer bestimmten Erkrankungsphase. Sie werden als *Referenzgruppe* bezeichnet (Lilienfeld u. Stolley 1994). Theoretisch wird dann eine Stichprobe aus der Gesamtheit der Personen mit dieser vorher definierten

Krankheit gezogen: die Versuchs- oder Studiengruppe, die durch Ein- und Ausschlusskriterien abgewandelt wird. In der Praxis wird zuerst entschieden, welche Personen die besten Kandidaten für die Studie sind, und nach Anwendung der entsprechenden Kriterien nachgefragt, wer zur Teilnahme an der Studie bereit ist.

Raum für Notizen:

Die Festlegung der Ein- und Ausschlusskriterien ist eine schwierige Aufgabe.

> **Beispiel**
> Es sollen Personen rekrutiert werden, die kürzlich ein Schleudertrauma der HWS erlitten haben.
> - Eingeschlossen wären in diesem Fall Personen, die bei einem Auffahrunfall mit geringer Geschwindigkeit eine Gewalteinwirkung von hinten erlitten.
> - Ausgeschlossen wären höchstwahrscheinlich Personen ohne Beschwerden, da die Therapie bei ihnen wohl keine Besserung bewirken würde, ebenso wie Patienten mit Arthritis im Bereich der HWS, mit Rheuma und systemischen Erkrankungen sowie Schwangere.

Der Grund für den Ausschluss liegt auf der Hand. Oft leiden Personen mit Arthritis im Bereich der HWS möglicherweise schon länger an Nacken- und Kopfschmerzen; ihre Beschwerden wurden wahrscheinlich nicht durch den Autounfall verursacht, auch wenn sie dadurch verstärkt worden sein könnten. Die Vermischung dieser Personen mit jenen, deren Kopfschmerzen allein durch den Autounfall verursacht wurden, würde allerdings das Ursache-/Wirkungs-Verhältnis verzerren. Am Ende wäre nicht mit Sicherheit festzustellen, ob die Therapie eine Besserung bei Patienten mit Arthritis oder mit einem Schleudertrauma der HWS bewirkt.

Eine restriktive Auswahl der Patienten garantiert eine hohe Homogenität der Studiengruppe. Wird allerdings zu restriktiv vorgegangen, ist am Ende vielleicht überhaupt kein Patient mehr für die Studie geeignet.

Die häufigste Frage bei der Rekrutierung von Patienten lautet: Wie viele Patienten werden benötigt? Kurz gesagt, genügend, um eine Wirkung nachweisen zu können. Die genauere Antwort hängt zum einen von Berechnungen der Beweiskraft (Power) und zum anderen von der zu erzielenden Wirkung ab.

Ein häufig vergessener Aspekt der Patientenrekrutierung ist die Frage, woher die Patienten bezogen werden sollen. Es gibt unterschiedliche Strategien, die von Aufnahmesprechstunden im lokalen Krankenhaus bis hin zu Anzeigenkampagnen in den Zeitungen reichen. Meinert (1986) hat diesem Thema einen ganzen Aufsatz gewidmet, in dem das Problem ausführlich dargestellt und wertvolle Tipps gegeben werden.

Darüber hinaus sollte sich jeder Untersucher des *Lasagna-Effekts* bewusst sein. Wie Louis Lasagna feststellte, scheinen vor Beginn einer Studie zahlreiche Patienten für die Teilnahme in Frage zu kommen. Beginnt jedoch die Rekrutierungsphase, meldet sich kein Patient. In vielen Studien werden 5- bis 10-mal weniger Patienten rekrutiert als vorher berechnet. Für diesen Effekt gibt es bislang noch keine befriedigende Erklärung.

Ein letzter Aspekt der Rekrutierungsphase ist die Aufklärung des Patienten über die Studie und seine Einwilligung zur Teilnahme. Alle Patienten nehmen an einer Studie auf freiwilliger Basis teil. Sie sind über folgende Punkte aufzuklären:
– Sie werden eine von zwei (oder mehreren) Behandlungsarten erhalten, von denen eine auch ein Plazebo sein könnte.
– Sie haben das Recht, die Studie jederzeit abzubrechen.
– Die Studiendaten dürfen nur im Rahmen der Studie verwendet werden.

Es ist klar, dass im Verhältnis zwischen Patient und Untersucher ein gewisser Interessenkonflikt auftreten kann. Bei der Einholung des Einverständnisses erhält der Patient mündliche und schriftliche Informationen über den Aufbau und den Zweck der Studie und wird gebeten, eine Einwilligungserklärung zur freiwilligen Teilnahme an der Studie zu unterzeichnen. Aus ethischer Sicht ist es äußerst wichtig, dass die Wirksamkeit der zu prüfenden Behandlungsform noch nicht gesichert ist und von den geplanten Maßnahmen (nach bestem Wissen und Gewissen) keine schädlichen Wirkungen zu erwarten sind.

3.3.5 Randomisierung und a priori-Stratifizierung

In einer randomisierten kontrollierten Studie sollten die Behandlungs- und Vergleichsgruppen in allen Aspekten bis auf den zu untersuchenden Faktor vergleichbar sein (Meinert 1986). Eine Vergleichbarkeit lässt sich gut bei Faktoren erreichen, von denen man weiß, dass sie das Ergebnis beeinflussen, wie z.B. Alter, Geschlecht oder Krankheitsstadium. Faktoren, die unbekannt oder nicht messbar sind, können nicht kontrolliert werden. Die Randomisierung trägt dazu bei, dass alle Faktoren (bekannte und unbekannte) zufällig verteilt sind, wodurch eine Einseitigkeit in der Zuordnung vermieden wird.

Es gibt verschiedene Randomisierungsmethoden, von denen einige sehr ausgeklügelt sind und andere denkbar einfach. Das Werfen einer Münze ist die einfachste Möglichkeit. Ein häufig verwendetes, aber recht unglaubwürdiges Verfahren ist das der verschlossenen Briefumschläge. Dabei werden die Behandlungscodes nach dem Zufallsverfahren auf Karten verteilt und in Briefumschläge gesteckt. Die verschlossenen Umschläge werden gemischt und erst dann geöffnet, wenn der Patient seine Einwilligung zur Studienteilnahme erklärt hat. Leider wird der Umschlag häufig zuerst geöffnet und erst danach entschieden, ob der Patient die ihm zugeordnete Therapie tatsächlich erhalten soll.

Bei einigen Patientenvariablen (Faktoren) kann es vorkommen, dass sie ungleichmäßig auf die Gruppen verteilt sind. Dies ist problematisch, wenn eine prognostische Homogenität der Behandlungsgruppen gewährleistet werden soll.

Raum für Notizen:

> **Beispiel**
>
> An einer Gruppe von Personen ab einem Alter von 50 Jahren soll die Wirkung einer Antifaltencreme geprüft werden. Würden die Gruppen nicht nach Alter stratifiziert (geschichtet), könnte am Ende eine Gruppe ein Durchschnittsalter von 60 Jahren und die andere eines von 80 Jahren aufweisen. Die Wirksamkeit der Antifaltencreme wäre in der älteren Gruppe einfacher (vorausgesetzt, dass Alter und Falten positiv korrelieren) bzw. in der jüngeren Gruppe schwerer festzustellen. Noch problematischer wäre ein Wirksamkeitsnachweis, wenn die jüngere Gruppe die wirksame Antifaltencreme und die ältere Gruppe das Plazebo erhielte.

Raum für Notizen:

Um die Wirksamkeit der Creme richtig untersuchen zu können, sollte die prognostische Vergleichbarkeit beider Gruppen vor Studienbeginn gewährleistet werden. Dies kann durch Stratifizierung geschehen. Im genannten Beispiel ließe sich eine a priori-Stratifizierung nach dem Alter vornehmen, damit sich in jeder Gruppe gleich viele Personen über und unter 65 Jahren befinden.

In der Regel wird empfohlen, die Anzahl der Strata (Schichten, s. Glossar) so niedrig wie möglich zu halten und auf keinen Fall mehr als 5 einzuführen. Je mehr Strata gewählt werden, desto geringer ist die Zahl der Patienten in der einzelnen Schicht, deren Daten für die Auswertung verfügbar sind.

3.3.6 Ermittlung der Ausgangswerte

Die Grundlage für sämtliche Vergleiche im Rahmen der Studie bilden die Ausgangswerte. Diese werden meist kurz vor oder nach Zuordnung der Patienten zu den Vergleichsgruppen erfasst. Aus rein methodologischem Blickwinkel sollten die Ausgangswerte am besten vor der Randomisierung ermittelt werden, da so eine Beeinflussung der Untersuchungen durch die Gruppenzuordnung vermieden wird; zudem können die Befunde der Ausgangsuntersuchung als letzte Prüfung für die Ein- und Ausschlusskriterien dienen. Personen, die diese Kriterien nicht erfüllen, werden nicht in die Studie aufgenommen, d.h. nicht randomisiert. Dadurch lassen sich überflüssige Studienabbrüche vermeiden.

Mitunter ist es praktischer, die Personen zuerst den Vergleichsgruppen zuzuordnen und erst dann die Ausgangswerte zu ermitteln, z.B. im Falle von multizentrischen Studien, bei denen die Messungen in verschiedenen Zentren und nicht an einem zentralen Ort vorgenommen werden.

In vielen Lehrbüchern zur Epidemiologie wird eine Überprüfung der prognostischen Vergleichbarkeit nach der Randomisierung empfohlen. Dies ist allerdings nicht besonders praxisnah, denn einerseits werden die Patienten nacheinander in eine Studie aufgenommen. Daher kann die prognostische Vergleichbarkeit (auf Grundlage der Ausgangsmerkmale) erst überprüft werden, nachdem alle Personen in die Studie aufgenommen worden sind. Da

Raum für Notizen:

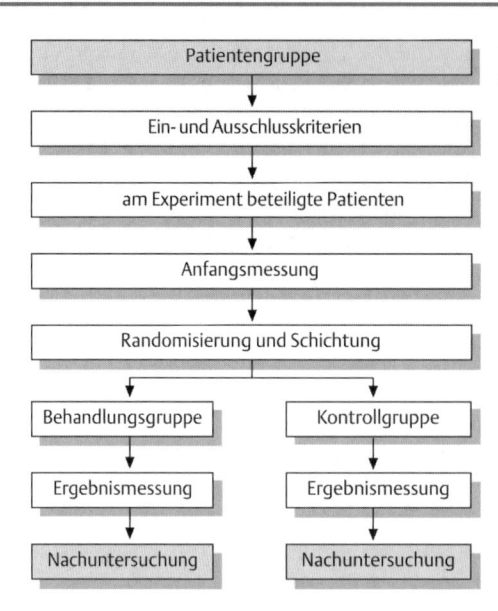

Abb. 3.3 Grundmodell einer Studienanordnung.

```
Patientengruppe
    ↓
Ein- und Ausschlusskriterien
    ↓
am Experiment beteiligte Patienten
    ↓
Anfangsmessung
    ↓
Randomisierung und Schichtung
   ↓                    ↓
Behandlungsgruppe   Kontrollgruppe
   ↓                    ↓
Ergebnismessung     Ergebnismessung
   ↓                    ↓
Nachuntersuchung    Nachuntersuchung
```

Unausgewogenheit bei den Ausgangsmerkmalen während der Aufnahmephase einer Studie nicht aktiv ausgeglichen werden können, erweckt dieses Verfahren den Eindruck, als wenn etwas geändert werden soll, was sowieso nicht zu ändern ist.

Andererseits könnte durch Korrekturen zur Herstellung einer prognostischen Vergleichbarkeit der Randomisierungseffekt aufgehoben werden. Die Anpassungen werden zwar bezüglich der bekannten Einflussfaktoren vorgenommen, doch ließen sich dabei durchaus auch unbekannte Faktoren manipulieren und somit eine Verzerrung hervorrufen. Bisher wurden die Komponenten einer randomisierten klinischen Studie dargelegt. Abb. 3.3 zeigt das Grundmodell einer Studienanordnung schematisch.

3.3.7 Compliance und Studienabbrüche

Um die Wirkungen einer bestimmten Behandlung messen zu können, müssen alle Patienten einer bestimmten Vergleichsgruppe diese Behandlung auch tatsächlich erhalten. Daher muss die *Compliance* (s. Glossar) der Therapie während der Studie untersucht werden (Haynes et al. 1978). Vor allem Patienten, die mit der angebotenen Behandlung unzufrieden sind, umgehen bekanntlich die Therapie. Sie finden Behandlungsalternativen, gehen zu anderen Therapeuten oder weigern sich, die angebotene Behandlung fortzusetzen.

Die Compliance lässt sich überprüfen, indem der Patient regelmäßig gefragt wird, ob er sich an die angebotene Therapie hält. Bei zu Hause durchzuführenden Übungen wird beispielsweise gefragt, ob und wie oft der Patient diese durchgeführt hat und was er daran gut bzw. schlecht fand. Einige Patienten sind allerdings geborene Schauspieler und führen den Untersucher ohne weiteres hinters Licht. Eine fortschrittliche Methode ist das elektronische *Monitoring*, das vornehmlich in Arzneimittelstudien angewendet wird (Straka 1997). Jedes Mal, wenn der Patient eine bestimmte Arzneimitteldosis einnehmen muss, wird dies mittels eines an der Medikamentenpackung angebrachten Mikrochips elektronisch registriert. Das Öffnen und Verschließen der Packung wird als ein Ereignis verzeichnet. Auch dieses Verfahren ist natürlich nicht täuschungssicher, wie ein historisches Beispiel einer doppelblinden Arzneimittelstudie an einem Patienten mit scheinbar mustergültiger Compliance bewies.

Raum für Notizen:

> **Beispiel**
> Der betreffende Patient kam eines Tages zu seiner monatlichen Untersuchung und beschwerte sich über eine Änderung der Arzneimittelverordnung: „Herr Doktor, Sie haben mir diesen Monat andere Tabletten gegeben, nicht wahr?" Der leicht nervöse Arzt fragte ihn, wie er darauf komme. „Nun", meinte der Patient, „die vorigen Tabletten schwammen nicht, wenn ich sie die Toilette hinunterspülte." In diesem Fall bestand sogar ein doppeltes Problem: der Patient war nicht nur ein „Non-Complier", sondern er hob auch den Blindeffekt auf.

Eine weitere große Schwierigkeit bei jeder Studie besteht darin, dass immer wieder Personen vorzeitig aus der Studie ausscheiden (Abb. 3.**4**). Erfolgen die Studienabbrüche selektiv, kann die Validität der Daten deutlich beeinträchtigt werden. Dies wäre z. B. der Fall, wenn in der Behandlungsgruppe erhebliche Nebenwirkungen auftreten und Personen die Behandlung deswegen abbrechen, oder wenn die Daten aufgrund von Messproblemen unvollständig sind. Auch wenn es die verschiedensten statistischen Techniken gibt, um Datenlücken zu schließen, sind die Validität und die Glaubwürdigkeit einer Studie gefährdet, wenn ein bestimmter Punkt überschritten wird.

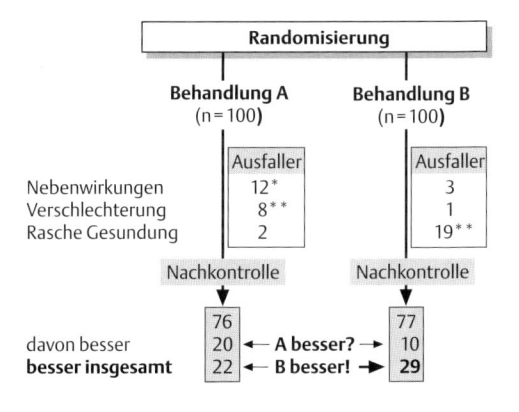

Abb. 3.**4** Studienabbrüche beeinflussen die Validität der Daten.

	Behandlung A (n=100)	Behandlung B (n=100)
	Ausfaller	Ausfaller
Nebenwirkungen	12*	3
Verschlechterung	8**	1
Rasche Gesundung	2	19**
	Nachkontrolle	Nachkontrolle
	76	77
davon besser	20 ← A besser? →	10
besser insgesamt	22 ← B besser! →	29

Raum für Notizen:

> **Merke**
>
> Als Faustregel gilt: Bei einer Abbruchquote von mehr als 20 % ist mit ernsten Problemen bezüglich der Studienvalidität und -ergebnisse zu rechnen.

Als beste Methode zum Umgang mit mangelnder Compliance und Studienabbrüchen empfiehlt es sich, sie möglichst zu verhindern, z. B. durch folgende Maßnahmen:
- Regelmäßige Überwachung, wobei die Studienteilnehmer zur Fortsetzung der Studie angeregt werden;
- Zufriedenheit bei allen Patientengruppen;
- Minimale Belastung durch Messungen im Rahmen der Studie;
- Patienten die Möglichkeit geben, ihre Beschwerden zu äußern;
- Zuvorkommende Behandlung, z. B. kleinere Geschenke oder Erstattung der Reisekosten.

Eine weitere Möglichkeit, mit der sich diese kleinen Katastrophen verhindern lassen, ist das Einschieben einer *Qualifikationsphase*. In der Regel werden in dieser Studienvorlaufzeit bereits alle möglichen Ergebnisse untersucht, oder es wird für die Dauer der Qualifikationsphase ein Dosierungsschema für ein Plazebo verordnet. Personen, die sich nicht an dieses Schema halten, werden bei der Randomisierung nicht berücksichtigt.

3.3.8 Blindierungstechniken

Auch wenn die Randomisierung ein wichtiges Verfahren zur Kontrolle von Störeinflüssen ist, lassen sich einige Einflussfaktoren auf diese Weise nicht vermeiden. Angenommen, ein Patient weiß, dass seine Behandlung einem Plazebo entsprach. Dieses Wissen wird seine Antworten zur Wirksamkeit höchstwahrscheinlich beeinflussen. Ebenso wird ein Arzt, der weiß, dass er eine bestimmte Behandlungsart verordnen wird, über deren Wirksamkeit er sich nicht sicher ist, vermutlich seine Haltung gegenüber dem Patienten ändern. Um alle diese Störfaktoren auszuschalten, sind *Blindierungstechniken* (s. Glossar) empfehlenswert (Abb. 3.**5**). Im Idealfall wissen Patient, Arzt, Untersucher, Prüfer und Biometriker in einer klinischen Studie nicht, welche Behandlungsarten jeweils verabreicht werden.

In bestimmten Forschungsbereichen ist eine Verblindung aller Beteiligten kaum möglich. So können beispielsweise bei einer Massagetherapie und einer Plazebo-Massagetherapie Blindierungstechniken nicht angewendet werden, zumindest nicht auf allen Ebenen. In diesem Fall kennt der Therapeut den Unterschied, während der Patient und alle anderen Beteiligten darüber im Unklaren gelassen werden können. Zur Maximierung des Blindierungseffekts ist ein glaubwürdiges Plazebo erforderlich, das genauso aussieht wie die echte Behandlung.

Raum für Notizen:

Abb. 3.**5**

In einigen Studien wird der Erfolg der Blindierungstechniken überprüft, da sich eine Aufhebung ihres Effekts äußerst nachteilig auf die veröffentlichten Studienergebnisse auswirken kann.

3.3.9 Nebenwirkungen

Nebenwirkungen werden in randomisierten kontrollierten Studien eher selten beschrieben (Abb. 3.**6**). Häufig interessieren sich die Forscher einfach nicht dafür. Ihre Aufzeichnung kann allerdings äußerst wichtig sein. In einigen Fällen waren die Nebenwirkungen einer Therapie stärker als die erwünschten Wirkungen, was zum Abbruch der Studie führte. Im Allgemeinen werden Nebenwirkungen aufgezeichnet, wenn neue oder unbekannte Behandlungsarten untersucht werden oder das Auftreten von Nebenwirkungen für sehr wichtig bzw. potenziell gefährlich erachtet wird.

Raum für Notizen:

Abb. 3.**6**

3.3.10 Auswertung

Über die statische Analyse wurden vielfach ganze Bücher verfasst. Sie stellt das Schlussstück, aber auch die Achillesferse einer jeden Studie dar. Fatale Fehler im Studiendesign können durch statistische Methoden nicht mehr behoben werden. Inadäquate Messmethoden sind nicht mehr korrigierbar, und bestimmte Störfaktoren haben fatale Auswirkungen. Auch Studienabbrüche sind nur bis zu einem gewissen Grad durch eine *Intention-to-treat-Analyse* erklärbar. Beim Grundmodell der klinischen Studie werden die beobachteten Wirkungen nach spezifischen sowie unspezifischen Effekten, dem natürlichen Verlauf und Messfehlern ausgewertet. Diese Wirkungen sind in Abb. 3.**7** dargestellt.

Die Kontrollgruppe, die keine Behandlung erhält, repräsentiert die Änderung der Wirkung, die aufgrund des natürlichen Krankheitsverlaufs zu erwarten ist. In der Plazebogruppe ist eine zusätzliche Wirkung, der *Plazeboeffekt* zu verzeichnen. Zusammen mit dem natürlichen Verlauf ergibt dies die beobachtete Gesamtwirkung in dieser Gruppe.

Die Interventionsgruppe weist zusätzlich die spezifische Wirkung der Intervention auf und zeigt damit die größte beobachtbare Wirkung. Das in Abb. 3.**7** gezeigte Schema kann durch Messfehler etwas beeinflusst werden. Handelt es sich um einen zufälligen (nicht systematischen) Messfehler, wäre ein ähnliches, jedoch etwas diffuseres Bild zu erwarten. Hingegen kommt es bei systematischen Messfehlern, z. B. in einer Gruppe, zu einer erheblichen, oft auch unvorhersagbaren Verschiebung dieses Musters.

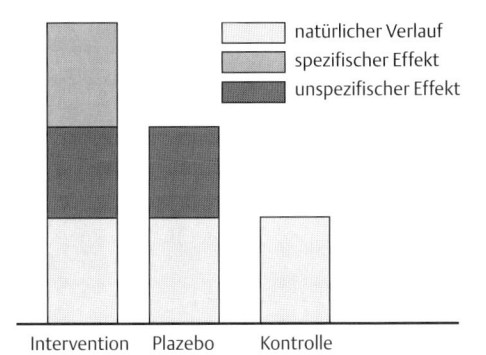

Abb. 3.7 Illustration der Effekte in der Interventions-, Plazebo- und Kontrollgruppe.

Raum für Notizen:

3.4 Vor- und Nachteile einer randomisierten kontrollierten Studie

Randomisierte kontrollierte Studien haben den großen Vorteil, dass der zu prüfende Faktor isoliert werden kann, während alle anderen Größen mit Einfluss auf das Ergebnis konstant gehalten werden. Auf diese Weise werden unvoreingenommene Vergleiche ermöglicht. Allerdings besteht das Risiko, dass eine äußerst starre laborähnliche Umgebung geschaffen wird, in der alle Determinanten in hohem Maße standardisiert sind.

Um noch einmal auf die Bemerkungen des Physiotherapeuten zu Anfang dieses Kapitels zurückzukommen, sind die dort erwähnte Starrheit und Standardisierung das Hauptproblem beim Vergleich der Therapieforschung mit lebensnahen Situationen.

In der Praxis wird bei der Auswahl der für eine bestimmte Therapie geeigneten Patienten nicht so selektiv vorgegangen, die Behandlung wird nicht auf hoch standardisierte Weise durchgeführt und die Wirkung beim Patienten sicherlich nicht regelmäßig und auch nicht mit validierten Instrumenten gemessen. Daher lassen sich die Studienergebnisse nur schwer auf den Praxisalltag übertragen. Aufgrund dieser mangelhaften Extrapolierbarkeit der Studienergebnisse entsteht häufig der falsche Eindruck, ihre klinische Relevanz sei ebenfalls gering. Ergebnisse können jedoch hoch relevant und dennoch schwer anwendbar sein.

Einige Wissenschaftler haben eine Möglichkeit zur Umgehung dieses Problems gefunden. Sie führen *Einzelfallstudien* (Kap. 4) durch, d. h. sie untersuchen die beste Behandlungsoption an einem einzelnen Patienten. Dennoch sind Einzelfallstudien keine echte Option, wenn die wissenschaftliche Strenge einer randomisierten kontrollierten Studie gefordert ist.

Zudem müssen recht viele Vorbedingungen erfüllt sein, bevor sich diese Untersuchungsart in der Praxis durchführen lassen (Kap. 4).

Literatur

Amberson JB, Mc Mahon BT, Pinner M. A clinical trial of sanocrysin in pulmonary tuberculosis. American Review on Tuberculosis. 1931;24 : 401 – 435.

Bouter LM, van Dongen MCJM. Epidemiologisch onderzoek; opzet en interpretatie. Houten: Bohn, Satfleu en van Loghum; 1991.

de Bie RA, de Vet HCW, van den Wildenberg FAJM, Lenssen TF, Bouter L, Knipschild PG. Efficacy of laser therapy in ankle sprains: designs of a randomised clinical trial. Laser Therapy. 1997;18 : 285 – 289.

Haynes RB, Taylor DW, Sackett DL. Compliance in health care. Baltimore: Johns Hopkins University Press; 1978.

Lilienfeld DE, Stolley PD. Foundations of epidemiology. 3. ed. New York: Oxford University Press; 1994.

Lind J. A treatise of the survey. Edinburgh: Sands, Murray Cochran; 1753.

Meinert CL. Clinical trials: design, conduct and analysis. New Xork: Oxford University Press; 1986.

Melzack R. The McGill pain questionnaire: major properties and scoring methods. Pain. 1975;1 : 277 – 299.

Revill SI, Robinson JO, Rosen M, et al. The reliability of a linear analogue for evaluating pain. Anaesthesia. 1976;31 : 1991 – 1198.

Straka RJ, Fisch JT, Benson SR, Suh JT. Patient self-reporting of compliance does not correspond with electronic monitoring: an evaluation using isosorbide dinitrate as a model drug. Pharmacotherapy. 1997;17 : 126 – 132.

4 Weitere Studientypen

Rob de Bie

Raum für Notizen:

In diesem Buch geht es zwar in erster Linie um das geplante Experiment, d. h. um die randomisierte klinische Studie. Darüber hinaus gibt es jedoch zahlreiche andere Studientypen. Allen Studienarten in der medizinischen Forschung ist gemeinsam, dass sie hauptsächlich die Wirkungen der medizinischen Versorgung auf Patienten untersuchen. Tierstudien werden in diesem Buch nicht behandelt, und Experimente mit gesunden Probanden stellen in gewisser Weise einen Grenzfall dar, da sie nur indirekte Hinweise auf die Wirkungen bei Patienten liefern.

Derartige Studien, so genannte *Phase-1-Studien*, sind ein erster wichtiger Schritt bei der erstmaligen Untersuchung potentiell neuer Behandlungsformen am Menschen (Pocock 1991). Zu erwähnen sind außerdem die Studien der Phasen 2 und 3. *Phase-2-Studien* umfassen oftmals Pilotstudien, in denen insbesondere methodische Aspekte der Studie (z. B. adäquate Messinstrumente, Validierung, Rekrutierung, etc.) untersucht werden. Bei *Phase-3-Studien* handelt es sich um groß angelegte Effektivitätsstudien.

Eine geeignete Methode zur Unterscheidung der einzelnen Studientypen ist die Betrachtung ihrer jeweiligen zeitlichen Dimension. Damit wird der Frage nachgegangen, ob die Studienart bestimmte Eigenschaften bezüglich der Ursache-Wirkungs-Beziehung aufweist, die zeitabhängig sind. In Abb. 4.1 sind die Studientypen in ihrer zeitlichen Dimension dargestellt, d. h. in welchem Zeitraum die Daten erhoben werden.

Wie aus Abbildung 4.2 hervorgeht, werden bei der *transversalen Studie* – ähnlich wie beim Fragebogen oder der Umfrage – Daten zu einem bestimmten Zeitpunkt (meistens in der Gegenwart) erhoben, anhand derer eine wissenschaftliche Fragestellung beantwortet werden soll. Diese Studienart kann Zusammenhänge aufdecken. Ursache-Wirkungs-Beziehungen lassen sich allerdings nicht nachweisen, da dazu eine positive zeitliche Beziehung erforderlich ist. Die Ursache sollte der Wirkung vorausgehen. Bei transversalen Studien hingegen werden Ursache und Wirkung zum gleichen Zeitpunkt untersucht.

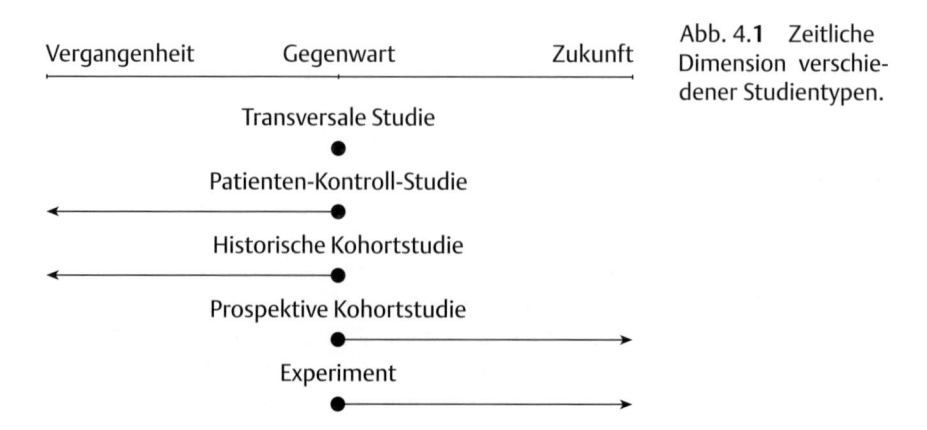

Abb. 4.1 Zeitliche Dimension verschiedener Studientypen.

Mithilfe von *Patienten-Kontroll-Studien* (s. Glossar) wird untersucht, warum bestimmte Patienten eine gewisse Krankheit entwickeln und einige Patientengruppen bestimmte Verhaltensweisen aufweisen. Dabei wird nach Faktoren gesucht, durch die sich diese Personen von anderen unterscheiden. Auf diese Weise lassen sich die Ursachen der Krankheit oder die Gründe für ihr Verhalten feststellen. Zu diesem Zweck werden Patienten mit Kontrollpersonen verglichen. Die Kontrollen sollten aus einer geeigneten Gruppe von Personen rekrutiert werden, die mit den Patienten weitgehend vergleichbar sind, aber nicht an der zu untersuchenden Krankheit leiden. Die Patienten sowie die Kontrollen werden in der Gegenwart ausgewählt und über ihr Verhalten oder zu Faktoren befragt, die in der Vergangenheit liegen. Die Suche nach den unterscheidenden Faktoren findet also in der Vergangenheit statt, weshalb es sich um eine *retrospektive Untersuchung* (s. Glossar) handelt.

Raum für Notizen:

Wird eine Verlaufsuntersuchung an Personen und/oder Patienten über längere Zeit durchgeführt, handelt es sich im Grunde genommen um eine *Kohortenstudie* (s. Glossar). Wird die Studiengruppe *retrospektiv* beobachtet, wird von einer historischen Kohorte gesprochen.

> **Beispiel**
> Sämtliche Arbeiter einer Fabrik werden anhand ihrer Personalakten auf eine bestimmte Krankheit hin untersucht. Damit werden z. B. Asbestexposition und Lungenkrebsrisiko bei pensionierten Arbeitern einer Asbest verarbeitenden Fabrik überprüft.

Die Studiengruppe kann aber auch *prospektiv* beobachtet werden.

> **Beispiel**
> Es wird die Entstehung von Gehirntumoren untersucht, die durch das Benutzen von Mobiltelefonen im Laufe der nächsten 10 Jahre verursacht werden.

Außerdem ist es möglich, die Studie in der Vergangenheit anzusetzen und die Beobachtung der Population bis in die Zukunft fortzusetzen; in diesem Fall handelt es sich um eine *ambispektive* (historisch-prospektive) Kohorte.

Die letzte Studienart, die an anderer Stelle in diesem Buch weitaus ausführlicher behandelt wird (s. Kap. 3), ist das *Experiment* (s. Glossar). Experimentelle Studien erfolgen stets prospektiv, d.h. der Studienbeginn liegt in der Gegenwart, während die Datenerfassung in der Zukunft stattfindet.

Eine andere Möglichkeit zur Betrachtung der oben erwähnten Studienarten ist in Abb. 4.2 dargestellt. Es sei darauf hingewiesen, dass die Studien nach ihrer Fähigkeit zum Nachweis einer Kausalbeziehung angeordnet und in deskriptive Untersuchungen und Ursache-Wirkungs-Studien unterteilt sind. Anders ausgedrückt, Studien, bei denen Daten über Ereignisse in einer Population ohne Kontrollgruppe erhoben werden, wurden Studien mit einer

Raum für Notizen:

```
                    Fallbericht                              Abb. 4.2  Beobach-
                                            deskriptiv       tungs- oder Ursache-
                    Fallserie                                Wirkungs-Studie.

                    Transversale Studie
                    – Querschnittstudie
    Kausalität      – Erhebung                   Beobachtung

                    Patienten-Kontroll-Studie
                    – Fall-Kontroll-Studie
                    – Fall-Referenz-Studie   Ursache – Wirkung

                    Kohortstudie
                    – prospektiv
                    – retrospektiv
                    – ambispektiv

                    Experiment                               Mani-
                    – RCT                                    pulation
```

(auf die ein oder andere Weise ausgewählten) Kontrollgruppe gegenübergestellt. Ferner ist zu beachten, dass alle Studien außer dem Experiment als Beobachtungsstudien bezeichnet werden, da nur das Experiment die aktive Manipulation der Intervention bei (einem Teil) der Population gestattet.

Es werden die folgenden Studienarten kurz beschrieben:
– Transversale Studien;
– Kohortenstudie;
– Patienten-Kontroll-Studie.

4.1 Transversale Studientypen

Mit diesen Studienanordnungen, die man auch als *Querschnittsstudien* (s. Glossar) oder *Erhebungen* bezeichnet, werden Exposition und Krankheit zum gleichen Zeitpunkt untersucht. Je Studienteilnehmer gibt es nur einen einzigen Untersuchungs-(Mess-) Zeitpunkt. Damit ist allerdings ein großes methodisches Problem verbunden. Werden Krankheit und Exposition zum gleichen Zeitpunkt untersucht, lässt sich nicht klären, ob die Krankheit oder der untersuchte Faktor durch die Exposition verursacht wird.

> **Beispiel**
> Die Untersuchung der Fragestellung, ob Glatzenbildung mit dem Tragen von Hüten in Beziehung steht, erscheint logisch. Wird allerdings die Anzahl der glatzköpfigen Personen und die der Hutträger zum gleichen Zeitpunkt ermittelt, ist damit nicht nachzuweisen, dass das Tragen von Hüten eine Glatzenbildung verursacht. Denn selbst wenn die Anzahl der glatzköpfigen Personen, die einen Hut tragen, hoch sein sollte, liegen keine Informationen dazu vor, wie lange die Personen einen Hut getragen haben und ob sie deswegen eine Glatze bekamen. Höchstwahrscheinlich wird das Ergebnis sein, dass glatzköpfige Personen einen Hut tragen, da sie ansonsten einen kalten Kopf bekommen. Falls die Daten durch Beobachtung erhoben wurden, stellt sich außerdem die interessante Frage, ob die Glatzenbildung in vielen Fällen durch einen Hut verdeckt worden und daher unbemerkt geblieben wäre.

Raum für Notizen:

Dieses Beispiel macht klar, dass transversale Studien zwar Zusammenhänge aufzeigen, aber niemals Auskunft über die Ursachen dieser Zusammenhänge geben.

Beim Lesen transversaler Studien treten einige *Schlüsselfragen* auf, mithilfe derer sich die Validität der Studie beurteilen lässt.

Wer wurde untersucht?

Von entscheidender Bedeutung für die Interpretation transversaler Studien ist das Untersuchungskollektiv. Von der Gesamtheit, aus der die Stichprobe gezogen wurde, hängt es ab, ob sich die Ergebnisse verallgemeinern oder nur auf eine bestimmte Gruppe anwenden lassen.

> **Beispiel**
> Ergebnisse zum Gehverhalten bei Kleinkindern können nicht ohne weiteres auf ältere Menschen übertragen werden.

Welche Auswahlkriterien wurden zugrunde gelegt?

Es sollte genau auf die Auswahlkriterien (z. B. Alter, Geschlecht und Morbidität) geachtet und ihr Einfluss auf die Untersuchungsergebnisse geprüft werden.

Wie wurde die Studienpopulation ausgewählt?

Dies ist ein entscheidendes Merkmal des Studienaufbaus. Wird eine Stichprobe ohne größeren Aufwand ausgewählt (z. B. Personen, die an der Physiotherapiepraxis vorbeigehen), werden mit Sicherheit andere Ergebnisse erzielt als bei der Auswahl von Personen mit einem spezifischen Profil, das genau auf die Studienfrage abgestimmt ist.

Raum für Notizen:

Daher sollte das Verfahren zur Erhebung einer geeigneten Stichprobe ausreichend beschrieben sein. Dabei ist im Wesentlichen nachzuweisen, dass alle Personen, die für die Studie als geeignet befunden wurden, auch die gleichen Chancen hatten, an der Studie teilzunehmen. Es gibt verschiedene Techniken, wobei die randomisierten Verfahren zur Stichprobennahme am besten, mitunter aber auch am aufwendigsten sind.

Wie hoch war die Teilnahmebereitschaft?

Es ist wichtig zu wissen, wie viele der kontaktierten Personen zur Teilnahme bereit bzw. nicht bereit waren (und warum). Diejenigen, die eine Teilnahme ablehnen, unterscheiden sich vermutlich systematisch von jenen, die dazu bereit sind. Des Weiteren könnten Informationen von Personen fehlen, die den Fragebogen nicht lesen können, nicht gerne Fragebögen ausfüllen oder – im Falle eines Telefoninterviews – kein Telefon haben. Je größer die Anzahl der nicht zur Teilnahme bereiten Personen, desto größer ist der dadurch entstehende Störeinfluss.

Regeln für akzeptable Teilnahmequoten gibt es nicht. Die Frage bezüglich der Teilnahmequote sollte eigentlich umgekehrt lauten: Wie hoch darf der Anteil der nicht zur Teilnahme bereiten Personen sein, ohne dass es zu einer Verzerrung der Ergebnisse kommt bzw.: Welcher Prozentsatz der nicht zur Teilnahme bereiten Personen hat vermutlich einen verzerrenden Einfluss auf die Ergebnisse?

4.2 Kohortenstudien

Raum für Notizen:

Kohortenstudien sind Verlaufsuntersuchungen über einen längeren Zeitraum. Gegenstand der Beobachtung kann etwa der natürliche zeitliche Verlauf einer Krankheit sein, um festzustellen, ob ein bestimmter Lebensstil mit einem erhöhten Risiko verbunden ist, oder ob eine gewisse Nebenwirkung auf eine bestimmte Exposition zurückzuführen ist, die in einer definierten Population natürlich, d. h. nicht experimentell, vorkommt.

In Abb. 4.3 ist ein möglicher Aufbau einer Kohortenstudie dargestellt. In der Regel werden dafür die Teilnehmer aus der Allgemeinbevölkerung rekrutiert. Dazu kann eine Zufallsstichprobe aus einem Namenregister (z. B. Geburtenbuch, Telefonbuch) oder durch eine Anzeige in den Massenmedien (z. B. Radio, Zeitung) gezogen werden. Es können aber auch die Gesamtbevölkerung einer Region oder die Gesamtheit einer Institution (z. B. alle Einwohner einer bestimmten Stadt oder alle Schüler einer Schule) untersucht werden. Die in die Kohorte aufgenommenen Personen können gesund oder krank sein. Jedoch sollte das zu untersuchende Ereignis noch nicht eingetreten sein.

An der Stichprobe der Population werden die Determinanten und andere Risikofaktoren meist prospektiv untersucht. Tritt nach einiger Zeit das zu untersuchende Ergebnis bei einigen Personen in der Kohorte auf, wird verglichen, ob sich die exponierten und die nichtexponierten Personen bezüglich der Risikofaktoren unterscheiden und geprüft, ob die Risikodifferenz bei den Personen, die das betreffende Ergebnis (Krankheit) entwickeln, mit der Expositionshäufigkeit in Zusammenhang steht.

4.2.1 Vorteile von Kohortenstudien

Kohortenstudien bieten 4 offensichtliche Vorteile:
- Der wichtigste Vorteil besteht darin, dass die Studie dem natürlichen Zeit- (oder Krankheits-) Verlauf folgt und mit einer krankheitsfreien Population beginnt. Die Ursache geht also der Wirkung voraus.
- Die Beobachtungen werden auf individueller Ebene durchgeführt. Jeder Teilnehmer der Studie wird über längere Zeit beobachtet.
- In großen Studien ist es möglich (und effizient), verschiedene Ergebnisse in ein- und derselben Studie gleichzeitig zu untersuchen.
- Es können auch seltene Expositionen untersucht werden. Das ergibt sich hauptsächlich aus der Teilnehmerzahl oder der Dauer der Studie. Einige Kohortenstudien dauern mehrere Jahrzehnte.

Raum für Notizen:

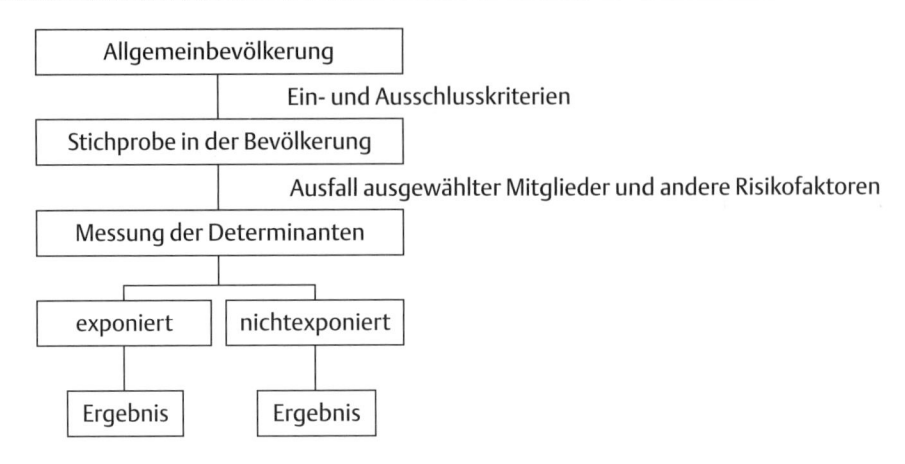

```
┌─────────────────────────┐
│   Allgemeinbevölkerung  │
└────────────┬────────────┘
             │  Ein- und Ausschlusskriterien
┌────────────┴────────────┐
│ Stichprobe in der Bevölkerung │
└────────────┬────────────┘
             │  Ausfall ausgewählter Mitglieder und andere Risikofaktoren
┌────────────┴────────────┐
│ Messung der Determinanten │
└──────┬──────────┬───────┘
   ┌───┴────┐ ┌───┴──────────┐
   │exponiert│ │nichtexponiert│
   └───┬────┘ └───┬──────────┘
   ┌───┴────┐ ┌───┴────┐
   │Ergebnis│ │Ergebnis│
   └────────┘ └────────┘
```

Abb. 4.3 Aufbau einer Kohortenstudie.

4.2.2 Nachteile von Kohortenstudien

- Auch wenn eine angemessene Untersuchung medizinisch relevanter Expositionen notwendig ist, sind diese nicht immer ohne weiteres messbar.
- Ein weiteres Problem kann entstehen, wenn eine Vorselektion aufgrund einer früheren Exposition stattfand.
- Kohortenstudien sind schwer durchführbar, wenn mit einer niedrigen Inzidenz und/oder einer langen Latenzzeit bis zum Krankheitsbeginn zu rechnen ist. Letzteres hat eine erhebliche Steigerung der Studienkosten zur Folge.
- Die Festsetzung einer angemessenen Studiendauer ist problematisch, da einige Krankheiten erst nach mehreren Jahren entstehen.
- Je länger die Studie dauert, desto wahrscheinlich kommt es zu Studienabbrüchen und selektiven Ausfällen.

> **Beispiele**
> - Untersuchungen zu Alkoholismus: Starke Trinker machen eine Entziehungskur;
> - Untersuchungen zu Nierenerkrankungen: Nach Entfernung des kranken Organs sind die Personen nicht mehr gefährdet.

Mit einer langen Studiendauer nimmt auch die Wahrscheinlichkeit zu, dass sich der Expositionsstatus ändert.

> **Beispiel**
> In einer Kohorte, bei der der Zusammenhang zwischen Rauchen und Lungenkrebs untersucht wird, hört eine Person auf zu rauchen.

Raum für Notizen:

Auch bei Kohortenstudien kann mithilfe folgender *Schlüsselfragen* ihre Validität beurteilt werden:

Wer wurde untersucht?

Um die Ergebnisse einer Kohortenstudie verallgemeinern zu können, müssen die Merkmale der untersuchten Gruppe exakt beschrieben werden, da die bei den Patienten auftretenden Ereignisse in entscheidendem Maß von ihren Merkmalen abhängen. Art und Anzahl der klinischen Ereignisse, die bei den Patienten vorkommen, richten sich nach der Dauer und dem Schweregrad ihrer Krankheit, den bei ihnen angewandten Interventionen sowie dem Vorliegen oder Fehlen anderer medizinischer Störungen. Dabei geht es um die Schlüsselfrage: Ist das Ergebnis der Kohortenstudie in Anbetracht dieser beschriebenen Gruppe überraschend? Daher sind Angaben zum Überweisungsmuster sowie zu den Ein- und Ausschlusskriterien notwendig.

Wurde eine Kontrollgruppe eingesetzt oder wäre sie notwendig gewesen?

Ergebnisse von Beobachtungsstudien sind schwer zu interpretieren, wenn die Daten nur an der exponierten Gruppe erhoben wurden. Daher ist eine nichtexponierte Gruppe (Kontrollgruppe) heranzuziehen, die mit der Studiengruppe weitgehend (außer in Bezug auf die Exposition) vergleichbar ist. Bei Kohortenstudien lässt sich oftmals eine Kontrollgruppe bilden, indem eine Zufallsstichprobe aus den nichtexponierten (nicht erkrankten) Personen gezogen wird.

War die Studiendauer adäquat?

Je länger die Studiendauer, desto größer ist das Risiko, dass Patienten aus der Studie ausscheiden. Mögliche Gründe dafür können z. B. Heirat, Tod, Emigration oder die unter den Nachteilen der Studie aufgeführten Punkte (S. 55) sein. Je größer die Anzahl der Studienabbrüche, umso wahrscheinlicher ist eine Verzerrung der Ergebnisse. Daher ist es wichtig, das Ausmaß der Studienabbrüche abzuschätzen und zu prüfen, ob dadurch die Studienergebnisse beeinflusst werden könnten.

Überdies sollte die Studiendauer ausreichend lang sein, damit bestimmte Ereignisse eintreten können.

Raum für Notizen:

> **Beispiele**
> - Bei der Untersuchung einer Grippeepidemie könnte bereits eine Studiendauer von mehreren Wochen genügen (Inkubationszeit: 1–3 Tage, Krankheitsdauer: 1–2 Wochen);
> - Soll dagegen die Entstehung von Darmkrebs als Folge einer bestimmten Ernährungsweise nachgewiesen werden, müsste die Studie vermutlich über mehrere Jahrzehnte angesetzt werden.

Wie wurde das Ergebnis gemessen?

Mitunter ist es unumgänglich, sich auf amtliche Quellen (z. B. Sterbebuch, Unfallstatistiken) zu verlassen, die jedoch auf verschiedene Weise beeinflusst sein können. So werden in Sterbebüchern alle Todesfälle verzeichnet. Doch obwohl das Ergebnis „Tod" recht eng definiert ist, trifft dies keineswegs auf die Todesursache zu.

> **Beispiel**
> Zu Beginn der 80er-Jahre wurde bei vielen HIV-Fällen nicht HIV, sondern Pneumonie oder Hautkrebs als Todesursache angegeben.

Des Weiteren muss der Frage nachgegangen werden, ob die Interviewtechnik das Ergebnis beeinflusst hat oder ob durch die klinische Beurteilung Fehler entstanden sein könnten. Es ist also wichtig, dass die Messwerte zur Beurteilung des Ergebnisses blind und ohne Einfluss von Störfaktoren erhoben wurden.

4.3 Patienten-Kontroll-Studien

Bei Patienten-Kontroll-Studien – auch als Fall-Kontroll-Studien (s. Glossar) bezeichnet – wird eine Gruppe von Patienten (Personen mit einer diagnostizierten Krankheit oder Behinderung) mit einer Gruppe geeigneter Kontrollpersonen verglichen (S. 56). Patienten-Kontroll-Studien sind attraktiv, weil sie in kurzer Zeit durchgeführt werden können.

4.3.1 Vorteile von Patienten-Kontroll-Studien

- Alle relevanten Ereignisse haben bereits stattgefunden, d. h. die Patienten haben die zu untersuchende Krankheit schon entwickelt. Daher müssen nur noch die relevanten Daten über die Krankheit und die ursächlichen Faktoren retrospektiv erhoben werden.
- Die Studien besitzen eine große Effizienz, zumal nur eine relativ geringe Anzahl von Patienten und Kontrollen erforderlich ist.

– Im Falle einer seltenen Krankheit kann die Anzahl der Kontrollen vervierfacht (Maximum) und damit die Aussagekraft (Power) der Studie erhöht werden (Kap. 3, randomisierte klinische Studien).
– Es können mehrere Expositionsfaktoren gleichzeitig untersucht werden (Kap. 4.2, Kohortenstudien).

Raum für Notizen:

4.3.2 Nachteile von Patienten-Kontroll-Studien

– Das größte Problem ist die Auswahl geeigneter Kontrollen, da zum einen die Kontrollpersonen nicht – weder jetzt noch früher – an der zu untersuchenden Krankheit leiden dürfen und zum anderen für die Kontrollen die gleichen Ein- und Ausschlusskriterien wie für die Patienten gelten müssen.
– Durch Selektion können potentielle Verzerrungen auftreten. So mag etwa die Wahl von Ehepartnern der Patienten als Kontrollpersonen zwar elegant erscheinen, kann aber in Wirklichkeit einen ernsthaften Störfaktor darstellen. Auch Krankenhauskontrollen, d. h. mit Patienten, die an anderen Krankheiten als an der zu untersuchenden leiden, können zwar als Kontrollen dienen, sind aber in den meisten Fällen nicht optimal. In der Praxis ist der optimale Kontrollpatient schwer zu finden (detaillierte Ausführungen s. Schlesselman 1982).
– Die Auswahl geeigneter Patienten gestaltet sich schwierig, da sie so weit wie möglich vergleichbar sein sollen (z. B. gleiche Krankheitsphase, gleiches Alter).
– Die Messung der Expositionsvariablen ist nicht immer einfach. Soll z. B. die Beziehung zwischen Alkoholkonsum und Kehlkopfkrebs untersucht, könnte die retrospektive Untersuchung des Alkoholkonsums während der letzten 30 Jahre problematisch sein (vor allem dann, wenn der Patient weiß, dass ein hoher Alkoholkonsum das Risiko von Kehlkopfkrebs erhöht). In diesen Fällen ist eine Beeinflussung der Antworten sehr wahrscheinlich.

Die Validität von Patienten-Kontroll-Studien lässt sich mit folgenden 3 *Schlüsselfragen* beurteilen:

Wie wurden die Fälle ausgewählt?

Es sollten die Merkmale sowie die Herkunft der Fälle angegeben sein. Beispielsweise ist es sehr wahrscheinlich, dass sich die Fälle eines Krankenhauses von denen einer Arztpraxis hinsichtlich des Schweregrads der Beschwerden unterscheiden. Problematisch sind außerdem Fälle mit einer neu diagnostizierten Krankheit im Vergleich zu langjähriger Krankheit. Letztere stellen eine selektierte Gruppe dar, weil geheilte oder verstorbene Patienten bereits ausgeschieden sind.

Raum für Notizen:

Ist die Kontrollgruppe adäquat?

Da geeignete Kontrollen meistens aus dem gleichen Kollektiv wie die Fälle ausgewählt werden, ist es von entscheidender Bedeutung, dass die Krankheitsursachen durch einen objektiven Vergleich der beiden nachgewiesen werden. Wurden jedoch bei der Auswahl der Studienteilnehmer Unterschiede zwischen Fällen und Kontrollen eingeführt, ließen sich diese fälschlicherweise als Risikofaktoren für die Krankheit auffassen.

Wurden die Daten der Fälle und Kontrollen auf die gleiche Weise erhoben?

Bei der Rekrutierung von Kontrollen und Patienten werden gerne Fragen zu einer früheren Exposition gegenüber potentieller Risikofaktoren gestellt. Diese Informationen sollten bei allen Studienteilnehmern auf die gleiche Art und Weise und möglichst blind erhoben werden. Kennt der Beobachter nämlich den Expositionsstatus der zu untersuchenden Person, könnte dies die Art der Datenerhebung beeinflussen. Ein weiteres Problem besteht in der Verzerrung durch ein unterschiedliches Erinnerungsvermögen: In der Regel erinnern sich Patienten anders an Expositionen gegenüber potentiellen Risikofaktoren als Kontrollpersonen.

Literatur

Schlesselman. Case control studies. New York: Oxford University Press; 1982.

5 Messen – Quantifizierung von Ergebnissen

Jan Kool

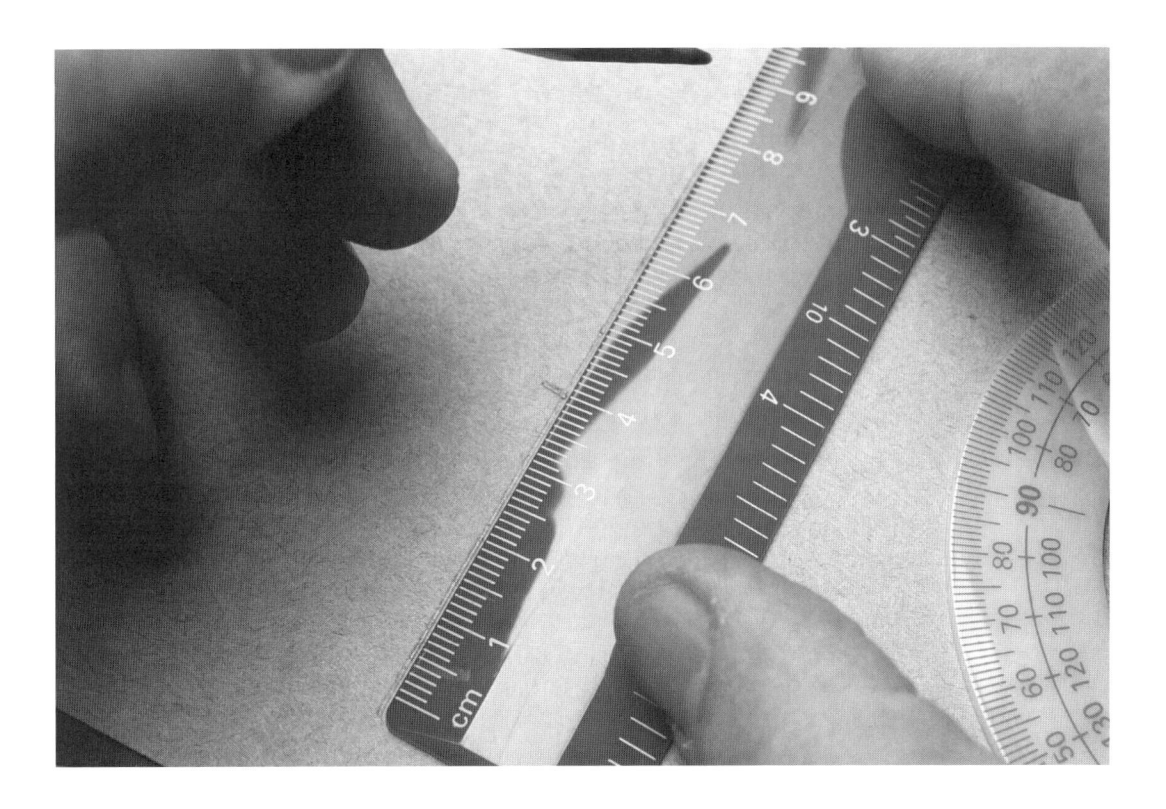

Raum für Notizen:

Die Begriffe *Messverfahren*, *Messung* und *Test* werden in diesem Kapitel synonym verwendet.

Messen hat immer eine Diagnosenstellung zum Ziel. Diagnosen werden nicht nur von Ärzten, sondern auch von Pflegepersonen (Pflegediagnose) und Physiotherapeuten (Beantwortung verschiedener Fragen) gestellt. Dazu kann ein einzelner Test genügen, wenn es sich beispielsweise um die Frage handelt, wie groß das flexorische Bewegungsausmaß eines Gelenks ist. Oft ist jedoch für eine exakte Diagnosenstellung eine Kombination verschiedener Tests erforderlich.

Denken wir z. B. an das Ermitteln der Schmerzursache bei einem Patienten mit Schulterbeschwerden mittels Anamnese, Inspektion, aktiver und passiver Untersuchung und Palpation.

Eine Person zahlenmäßig erfassen? – Widerlich!

Diese Einstellung kommt sehr schnell auf, wenn das Thema *Messen bei Patienten* angesprochen wird, und ist sehr gut nachvollziehbar. Quantifizierung hat in der heutigen Zeit bei wachsendem Leistungsdruck und dem stetigen Wunsch nach Steigerung der Effizienz einen negativen Beigeschmack. Das Erfassen von Personen in Zahlen scheint unmenschlich, und es werden die Fragen laut:
– Wir können den Patienten doch nicht auf Zahlen reduzieren?
– Wollten wir nicht *ganzheitlich* behandeln?

Natürlich darf der Patient als Ganzes nicht aus den Augen verloren werden. Auch bei der ganzheitlichen Behandlung wird der Patienten gefragt, ob sich sein Befinden (insgesamt) gebessert hat, was bereits eine Quantifizierung bedeutet. Sobald es um die Erfassung von Unterschieden geht, wird quantifiziert. Da Befunderhebung und Evaluation (Bewertung) des Verlaufs auf dem Erfassen von Unterschieden beruhen, handelt es sich auch dabei um Quantifizierung.

Lord Kevin sagte schon 1891 in Zusammenhang mit der Ganganalyse: „Wenn ich etwas in Zahlen ausdrücken kann, weiß ich wovon ich rede. Wenn nicht, dann ist mein Wissen unbefriedigend" (Kevin 1891).

5.1 Nummerische Systeme und Messskalen

Die Literatur beschreibt im Wesentlichen 4 klassische Typen von Messskalen. Dazu zählen *Nominal-, Ordinal-, Intervall-* und *Ratioskalen*. Alle diese Skalen besitzen in unterschiedlichem Ausmaß die 3 Haupteigenschaften eines nummerischen Systems:

– Reihenfolge: Die Größe der Zahl entspricht der Ausprägung des Merkmals.
– Äquidistanz: Der Abstand zwischen den Zahlen ist gleich bzw. stetig.
– Ursprung: Null bedeutet, das Merkmal liegt nicht vor.

Raum für Notizen:

Bei den oben genannten Typen lassen sich zunächst qualitative und quantitative Skalen zur Erfassung von Merkmalen unterscheiden. Qualitative Skalen besitzen keine der zuvor genannten Eigenschaften eines nummerischen Systems. Sie beschreiben ein Merkmal (z. B. Geschlecht: männlich oder weiblich). Quantitative Skalen erfassen ein Merkmal in Zahlen. Die Größe der Zahl (Quantität) hat eine reale Bedeutung. Die Bedeutung der Zahlen in Relation zueinander kann allerdings unterschiedlich sein. Deshalb sind quantitative Erfassungen mit unterschiedlichen Skalen möglich. Häufig werden zusammengestellte Skalen benutzt. Auf sie wird im Folgenden noch näher eingegangen.

Merke
Qualitative Merkmale werden in Nominalskalen, *quantitative Merkmale* in Ordinal-, Intervall- und Ratioskalen erfasst. Oft kommen kombinierte Skalen zum Einsatz.

5.1.1 Nominalskalen für qualitative Merkmale

Qualitative oder kategoriale Merkmale lassen sich bei den untersuchten Personen nicht zählen oder messen, sondern nur benennen –, daher der Name Nominalskala. Erfasst werden z. B. Geschlecht, Beruf, Familienstand oder Diagnose.

Zur statistischen Verarbeitung der mit Nominalskalen gewonnenen Daten werden den einzelnen Kategorien Zahlen zugeordnet (z. B. männlich = 1, weiblich = 2). So kann die Statistiksoftware schnell zählen, wie häufig die Kategorien vorkommen. Den jeweiligen Zahlen der Kategorien kommt dabei selbstverständlich keine rechnerische Bedeutung zu. Ebenso wäre es sinnlos, Durchschnittswerte zu errechnen. Statistische Berechnungen sind aber sehr wohl möglich, um beispielsweise 2 Patientengruppen auf ihre Vergleichbarkeit hin zu prüfen. Sind die Verteilung von Männern und Frauen sowie die Häufigkeit von unterschiedlichen Diagnosen in beiden Gruppen gleich? (CHI^2-Test, S. 123).

Was bedeutet Qualität?

An dieser Stelle ist die Klärung des Begriffs *Qualität* notwendig, da die Gefahr einer Definitionsverwirrung besteht.

Raum für Notizen:

> **Definition Qualität**
> - In der *Wissenschaft* wird bei der Unterscheidung verschiedener Qualitäten nicht quantifiziert. Bei qualitativen Merkmalen geht es um Merkmale, wie z. B. Augenfarbe (braun, grün, blau).
> - In der *Physiotherapie* beschäftigen wir uns oft auf eine andere Weise mit dem Begriff Qualität. Wir beobachten und behandeln die Qualität von Bewegung (Koordination, Selektivität) oder eine Hebetechnik (ergonomisch, sicher).

Aus wissenschaftlicher Sicht ist die Beschreibung und Verbesserung der Bewegungsqualität ein quantitativer Prozess, da die Unterschiede in der Qualität quantifiziert werden.

So unterscheiden sich auch qualitative von quantitativen Studien:
- *Qualitative Studie:* Sie beschreibt Beobachtungen, ohne zu vergleichen bzw. zu werten. Sie eignet sich z. B. zur Beschreibung eines Prozesses in der Klinik mit dem Ziel, ihn anschließend zu analysieren und zu optimieren.
- *Quantitative Studie:* Sie dient zur Bewertung von Unterschieden, z. B. in der Bewegungsqualität. Wenn wir also Unterschiede in Bewegungsqualität untersuchen möchten, führen wir eine quantitative Studie durch.

5.1.2 Ordinalskalen für quantifizierbare Merkmale

Eine Ordinalskala (Rangskala) ist durch eine natürliche Rangordnung der Skalenwerte gekennzeichnet. Auf der Skala muss kein absoluter Nullpunkt vorhanden sein. Die Distanzen zwischen den einzelnen Stufen der Skala sind oft sehr unterschiedlich. Es liegt also keine Äquidistanz (keine gleichen Abstände) vor. Diese Eigenschaft hat 2 Nachteile:
1. Addieren und Subtrahieren sind nicht unbegrenzt aussagekräftig. Daher sind Vergleiche der Unterschiede nicht erlaubt. Die Bedeutung einzelner Stufenunterschiede kann sehr verschieden sein.
2. Die Berechnung eines Durchschnittswerts ist nicht erlaubt, da die Distanzen zwischen den Zahlenwerten nicht gleich groß sind.

Die folgenden 2 Beispiele sollen den Umgang mit Ordinalskalen erklären.

Raum für Notizen:

Beispiel 1

Messung der Muskelkraft gemäß Medical Research Council (MRC), Kraft 0–5. In Abb. 5.1 des MRC wird das Prinzip gezeigt, wie die ordinalen Kraftgrade mit der Kraft in Prozenten ausgedrückt in Zusammenhang gebracht werden. Die Verhältnisse zwischen MRC-Kraftgrad und Prozent der Kraft liegen nicht fest, sie können pro Muskelgruppe variieren. Es gilt jedoch immer, dass die Unterschiede zwischen den Graden nicht überall gleich groß sind, d. h. die Äquidistanz nicht gegeben ist.
– Der Unterschied zwischen 0 und 1 ist nicht gleich dem Unterschied zwischen 4 und 5.
– Der Durchschnitt von 1 und 5 ist 3 (20 %), von 5 % und 100 % aber 52 % und nicht 20 %.

Kraft (MRC, 0–5)	0	1	2	3	4	5
Kraft (in %)	0	5	10	20	60	100

Abb. 5.1 Messung der Muskelkraft der Fingerflexoren gemäß Medical Research Council, Kraft 0–5.

Beispiele von Aktivitäten des täglichen Lebens (ATL), die in der Physiotherapie oft neu erlernt werden:
– Transfer vom Liegen im Bett zum Sitzen auf dem Bettrand;
– Übersetzen vom Rollstuhl ins Bett und zurück;
– Gehen im Haus: 25 m;
– Gehen außer Haus: 150 m über unebene Wege, Rampen oder Randsteine;
– Gehen außer Haus: 900 m.

Beispiel 2

Erfassen der Selbstständigkeit bei Alltagsaktivitäten (ATL). Die „Stufen" der Tabelle 5.1 beschreiben den Grad der Selbstständigkeit, wobei die Bedeutung der Übergänge zwischen den Stufen sehr unterschiedlich sein kann. So ist der Übergang von Stufe 5 zu Stufe 6 für die betroffene Person vielfach von besonders großer Relevanz, da sie in Stufe 6 selbstständig und unabhängig von Hilfspersonen ist.
Demgegenüber hat der Übergang von Stufe 3 zu Stufe 4 für die Selbstständigkeit des Patienten eine geringere Bedeutung. Aus der Sicht der Bezugspersonen kann eine Verbesserung von 3 auf 4 jedoch sehr wichtig sein. Es kommt oft vor, dass Patienten statt ins Pflegeheim nach Hause entlassen werden können, wenn sie selbst besser mithelfen können, wie z. B. beim Transfer vom Rollstuhl ins Bett und anderen Lagewechseln.

Raum für Notizen:

Tabelle 5.1 Stufen der Selbstständigkeit

Selbstständig	Teilweise auf Hilfe angewiesen	Vollständig auf Hilfe angewiesen
7 ganz selbstständig (normale Zeit) 6 angepasst selbstständig (verlangsamt, Hilfsmittel)	5 Aufsicht 4 minimale Hilfe: 25 % 3 mittelmäßige Hilfe: 50 %	2 maximale Hilfe: 75 % 1 totale Hilfe: 100 %

Merke

Selbstständigkeitsstufen einer Ordinalskala werden in der Rehabilitation, in der Geriatrie (Functional Independence Measure, FIM) und in der Physiotherapie (Chedoke McMaster Stroke Assessment für Patienten mit einer Halbseitenlähmung) häufig benutzt.

Ein weiteres Beispiel für eine Ordinalskala ist die *Likert-Skala* (Abb. 5.**2**). Mit ihr wird erfasst, in welchem Maß eine Person mit einer Behauptung einverstanden ist. Die Skala reicht dabei von *ganz einverstanden* bis *überhaupt nicht einverstanden* oder von *viel besser* bis *viel schlechter*. Den einzelnen Antwortoptionen werden zur statistischen Auswertung Zahlen zugeordnet (hier von 1–7).

Da eine Ordinalskala nur das 1. Merkmal – die Reihenfolge – eines nummerischen Systems besitzt, lassen sich aus ihren Daten keine Durchschnittswerte und Differenzen interpretieren. Statistische Gruppenvergleiche sollten bei ordinalen Daten mit *nichtparametrischen Tests* (S. 120) durchgeführt werden. In der Praxis wird diese Regel häufig nicht berücksichtigt. Aufmerksame Leser werden dies immer wieder bemerken, wenn sie die statistische Auswertung einer Studie im Abschnitt „Resultate" etwas genauer betrachten.

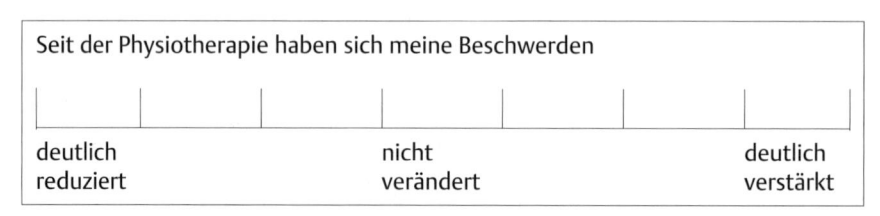

```
Seit der Physiotherapie haben sich meine Beschwerden

 |      |      |      |      |      |      |      |      |
deutlich              nicht                    deutlich
reduziert             verändert                verstärkt
```

Abb. 5.**2** Likert-Skala zur Erfassung von Patientenbeschwerden.

5.1.3 Intervallskalen für quantifizierbare Merkmale

Raum für Notizen:

Eine Intervallskala weist 2 Eigenschaften eines nummerischen Systems auf: die Reihenfolge und die Äquidistanz. Der die Abwesenheit des Merkmals darstellende absolute Nullpunkt fehlt.

> **Beispiel**
> Messen der Temperatur in Grad Celsius in einer Intervallskala
> - Addieren und Subtrahieren sind problemlos möglich (im Gegensatz zur Ordinalskala!). Der Unterschied zwischen 10° C und 20° C ist genauso groß wie zwischen 40° C und 50° C.
> - Der Durchschnittswert von 10° C und 20° C kann berechnet werden und beträgt 15° C.
> - Multiplikationen sind jedoch nicht zulässig, da der Nullpunkt nicht absolut ist. Deshalb ist 20° C nicht doppelt so warm wie 10° C!

Bei den Daten einer Intervallskala sind die rechnerischen Operationen (Handlungen), wie das Subtrahieren und Addieren, sowie die Bestimmung der Durchschnittswerte erlaubt.

5.1.4 Rationalskalen für quantifizierbare Merkmale

Die Rationalskala besitzt alle 3 Eigenschaften eines nummerischen Systems. Neben der Reihenfolge und der Äquidistanz ist auch der absolute Nullpunkt vorhanden.

> **Beispiel**
> Messung der Temperatur in K (Kelvin) mittels einer Rationalskala
> - Die Kelvinskala, die den absoluten Nullpunkt beinhaltet, zählt zu den Rationalskalen. 200 K ist also doppelt so heiß wie 100 K.
> - Eine unterschiedliche Temperatur von 10° ist bei Messungen in C und K gleichbedeutend, da die Distanz auf beiden Skalen gleich ist.

5.2 Messen kontinuierlicher und diskreter Merkmale

Kontinuierliche bzw. *stetige Merkmale* sind z.B. Winkelgrade, Körpergröße, isometrische Kraft und Geschwindigkeit. Zu den *diskreten Merkmalen* zählen z.B. die Anzahl der Rezidive nach einer Sprunggelenkdistorsion oder die Selbstständigkeit auf der Skala von 1–7 (Tab. 5.1).

Raum für Notizen:

5.2.1 Kontinuierliche Merkmale

Kontinuierliche Merkmale können *alle* Werte in einem gewissen Bereich annehmen. Dabei ist zur Feststellung der Messgenauigkeit die Kenntnis des Zwecks der Messung sehr wichtig.

> **Beispiele**
> - *Millisekunden:* Bei der Reaktionszeit beim Start für den 100-Meter-Sprint muss mit einer Genauigkeit im Bereich der Tausendstelsekunden gemessen werden.
> - *Sekunden:* Anders sieht es aus, wenn gemessen werden soll, wie lange ein Patient eine Übung ausführen kann. Angenommen, die Messung vor dem Trainingsprogramm betrug 50 Sekunden und Ziel der Behandlung sei eine Steigerung um 50 Sekunden. In diesem Fall können Veränderungen, die geringer als 10 Sekunden sind, nicht relevant betrachtet werden, sodass eine Messgenauigkeit von 1 Sekunde vollkommen ausreicht.
> - *Wochen:* Die Dauer der Beschwerden bei einem Patienten mit Rückenschmerzen wird mit einer Frage in der Anamnese erfasst. Der Grund für die Frage ist, dass herausgefunden werden soll, ob die Beschwerden eher akut oder chronisch sind. Dies hat wichtige Konsequenzen für die weitere Untersuchung und Behandlung. Der Übergang zwischen akut und chronisch liegt bei etwa 6 Wochen. In diesem Fall ist es ausreichend, wenn der Patient die Dauer der Beschwerden in Wochen angeben kann.

5.2.2 Diskrete Merkmale

Diskrete Merkmale können nur *bestimmte* Werte annehmen, wie z. B.:
- Die Anzahl der Rezidive (nach Sprunggelenkdistorsionen) kann (theoretisch) alle Werte von 0 – 10 und mehr annehmen.
- Die Kraftmessung kann 6 Werte (0 – 5) annehmen (Abb. 5.1).
- Die Selbstständigkeit kann 7 Werte (1 – 7) annehmen (Tab. 5.1).

Die Anzahl der Werte, die ein diskretes Merkmal annehmen kann, ist also unterschiedlich, beträgt aber mindestens 2. In diesem Fall sprechen wir von einem *dichotomen* Merkmal.

> **Beispiele**
> Dichotome Merkmale
> - Ist der Kennmuskel geschwächt oder nicht?
> - Ist der Meniskustest positiv oder negativ?
> - Reproduziert der Provokationstest die Schmerzen oder nicht?

Vorteile der dichotomen Erfassung

Die Vorteile bestehen in der Einfachheit und Zuverlässigkeit (Kap. 6). Oft genügt *eine* Information zur Beantwortung der klinischen Fragen. Die Frage, ob ein Kennmuskel geschwächt ist oder nicht, stellen wir beispielsweise, um eine radikuläre Symptomatik zu diagnostizieren. Die Antwort ist *ja* oder *nein*.

Nachteil der dichotomen Erfassung

Sie ist für das Erfassen von Veränderungen ungeeignet. Die Zunahme der Kraft des geschwächten Kennmuskels lässt sich viel besser mit einer Kraftmesszelle zur isometrischen Kraftmessung evaluieren. In diesem Fall wird das Merkmal Kraft kontinuierlich auf einer Rationalskala erfasst.

Messfehler – Folge empfindlicher Messungen?

In diesem Zusammenhang ist es sehr wichtig zu verstehen, dass sich mit der Zunahme der Empfindlichkeit einer Messung auch der Messfehler scheinbar vergrößert. Der Messfehler wird an Unterschieden bei wiederholter Messung sichtbar. Mit der Unterteilung in eine größere Anzahl von Stufen nimmt auch der Messfehler zu.

> **Beispiel**
> Bei der Messung, ob eine Person sich *alleine* vom Rollstuhl zur Behandlungsbank umsetzen kann, lautet die Antwort nur ja oder nein, wobei selten Messfehler auftreten. Soll aber beispielsweise eingeschätzt werden, ob die geleistete Hilfe 25, 50 oder 75 % beträgt, so kommen bei wiederholter Messung häufiger Messfehler vor. Die Ursache für die geringere Übereinstimmung ist die größere Anzahl von Punkten auf der Messskala.

Im angeführten Beispiel mit dem Kennmuskel wird klar, dass sich im einen Fall (radikuläre Symptomatik: ja/nein) eine dichotome Messung eignet, während sie im anderen Fall (nimmt die Kraft zu?) nicht empfindlich genug ist. Hier ist eine *graduierte* Messung notwendig, um Veränderungen zu registrieren.

Nun stellt sich die Frage, wie viele Werte sollte die Skala einer diskreten Ordinalskala aufweisen, wenn Unterschiede empfindlich gemessen werden sollen? Die Empfindlichkeit nimmt mit der Anzahl der Werte zu. Dieser Gewinn wird aber allmählich durch die Zunahme der Messfehler immer mehr aufgehoben. Theoretisch gibt es keine absolute Grenze für die Anzahl der Werte. Bei mehr als 15 Werten wird der Gewinn jedoch als unwesentlich betrachtet, üblich sind 7–15 Stufen.

Raum für Notizen:

Raum für Notizen:

> **Merke**
>
> Für eine optimale Empfindlichkeit muss eine diskrete Ordinalskala 7–15 Werte annehmen können.

Sollen relevante Unterschiede (z. B. Fortschritte bei Patienten) gemessen werden, benötigen wir eine Messung, die *empfindlich auf die Unterschiede reagiert, die wir für relevant* halten. Die Anforderung an die Empfindlichkeit ist also *abhängig vom Zweck* der Messung. An anderer Stelle wurde schon auf den Begriff Empfindlichkeit eingegangen (S. 63).

> **Merke**
>
> Der Gewinn an Empfindlichkeit mit der 7-Punkte-Skala ist größer als der Verlust an Empfindlichkeit durch die Zunahme des Messfehlers im Vergleich zur dichotomen Skala.

> **Beispiele**
>
> – Die Selbstständigkeit wird beim FIM in 7 Stufen erfasst.
> – Subjektiv empfundene Schmerzen werden z. B. bei der nummerischen Schmerzskala (engl. Numeric Rating Scale, NRS) in 11 Stufen gemessen (Abb. 5.3).

keinerlei Schmerzen 0 | 1 | 2 | 3 | 4 | 5 | 6 | 7 | 8 | 9 | 10 den schlimmsten Schmerz, den ich mir vorstellen kann

Abb. 5.3   Wie stark sind die Schmerzen?

Schmerzen lassen sich auch mit einer der NRS ähnlichen Skala messen, aber ohne Zahlen, also kontinuierlich auf einer *visuellen Analogskala* (VAS; Abb. 5.4). Der Vorteil der nummerischen Schmerzskala liegt darin, dass der Wert sofort abgelesen werden kann und nicht wie bei der VAS mit einem Maßstab gemessen werden muss. Dazu ist eine Länge von 10 cm sehr praktisch.

Unter Experten bestehen Diskussionen über die Frage, ob bei den beiden Skalen (NRS und VAS) die Äquidistanz vorliegt. Ist die Bedeutung einer Schmerzabnahme um einen Punkt auf der NRS oder 10 % auf der VAS in allen Messbereichen gleichbedeutend? In der Regel wird diese Voraussetzung als erfüllt angenommen.

Abb. 5.4   Wie stark sind die Schmerzen (visuelle Analogskala)?

5.3 Kombinierte Skalen

Raum für Notizen:

5.3.1 Schulterskala für Schmerz und Behinderung

Vielfach werden mehrere Messungen kombiniert. Ein bereits erwähntes Beispiel dafür ist die Messung der Selbständigkeit bei den Alltagsaktivitäten mit dem Chedoke McMaster Stroke Assessment. Dabei wird die Selbständigkeit in mehreren Bereichen auf einer Ordinalskala erfasst und zu einem *Totalscore* (Gesamtpunktzahl) zusammengezählt.

Bei der Schulterskala für Schmerz und Behinderung (Shoulder Pain and Disability Index, SPADI, Heald 1997; Abb. 5.**5**) wird jede Frage vom Patienten auf einer visuellen Analogskala beantwortet, wobei Veränderungen gut zu verfolgen sind. Die Skala wurde speziell für Schulterpatienten entwickelt und erfasst die beiden Dimensionen *Schmerz* und *Behinderung*.

5.3.2 Guttman-Skala

Ein Spezialfall unter den kombinierten Skalen ist die Guttman-Skala (Streiner u. Norman 1989), bei der mehrere Testitems (zu testende Punkte) hierarchisch geordnet werden, um ein gemeinsames Merkmal breit zu erfassen. So kann mit dem Rivermead Mobility Index (Abb. 5.**6**) bei einer Person die *Mobilität im Rahmen der ATL* erfasst werden. Er dient vor allem der Beurteilung von Fortschritten bei Patienten mit Multipler Sklerose (Collen 1991, Vaney 1996).

Aktivitäten	Schmerzen
Wie schwierig ist für Sie?	*Wie stark sind die Schmerzen?*
1. Haare waschen?	1. Am schlimmsten?
2. Rücken waschen?	2. Wenn Sie auf der betroffenen Schulter liegen?
3. Anziehen eines Pullovers oder eines T-Shirts?	3. Wenn Sie etwas auf Scheitelhöhe aus einem Schrank nehmen?
4. Hemd/Jacke anziehen (Verschluss oder Knöpfe vorne)?	4. Wenn Sie Ihre Hand zum Nacken bewegen?
5. Hosen anziehen?	5. Wenn Sie mit dem betroffenen Arm etwas wegschieben?
6. Einen Gegenstand auf Scheitelhöhe in den Schrank stellen?	
7. Einen Gegenstand tragen (5 kg Gewicht)?	
8. Etwas aus der hinteren Hosentasche nehmen?	

Abb. 5.**5** Schulterskala für Schmerz und Behinderung (SPADI). Alle Fragen werden auf einer visuellen Analogskala 0–10 beantwortet (aus: Heald 1997).

Raum für Notizen:

	Eintritt	Austritt
1. Sitzen ohne Unterstützung	1	1
2. Vom Liegen zum Sitzen	1	1
3. Vom Sitzen zum Stehen	1	1
4. Transfer Rollstuhl/Stuhl	1	1
5. Wie 4, über betroffene Seite	1	1
6. 10 m mit Hilfsmittel gehen	1	1
7. Treppe nur aufwärts ohne Hilfsperson	1	1
8. 10 m Gehen ohne Hilfsmittel	1	1
9. 5 m gehen, einen Gegenstand vom Boden aufheben und zurücktragen	1	1
10. 40 m Gehen im Freien ohne Hilfsperson	0	1
11. 4 Treppenstufen alternierend auf- und abwärts gehen	0	1
12. 10 m Laufschritt (symmetrisch)	0	0
13. 5-mal auf dem Hemibein springen	0	0
Total	**9**	**11**

Abb. 5.6 Der Rivermead Mobility Index (RMI). Das Merkmal *Mobilität bei den ATL* wird mit hierarchisch geordneten und dichotom beurteilten Items erfasst.

Zur Entwicklung der Guttman-Skala wurden aus einer größeren Anzahl von Items 13 ausgesucht, die das gesamte Merkmal *Mobilität* abdecken. Die Items sind annähernd hierarchisch geordnet. Werden 3 Items nicht erfüllt, wird die Durchführung des Tests abgebrochen. Das Zusammenzählen der totalen Anzahl erfüllter Items führt zum Totalscore. Durch eine dichotome Erfassung der einzelnen Items ist die Zuverlässigkeit recht gut. Insgesamt ist jedoch die Empfindlichkeit geringer als bei der Erfassung in Selbständigkeitsstufen, weshalb Letztere zu bevorzugen ist.

5.4 Bedeutung der Unterschiede zwischen den Skalen

Beim Lesen der statistischen Auswertung unter dem Abschnitt *Resultate* in Publikationen fällt schnell auf, dass es eine enorme Vielfalt an statistischen Tests gibt. Es ist klar, dass für die Klärung einer Frage – abhängig von den Eigenschaften der Skalen – unterschiedliche Tests notwendig sind. Die ausführliche Behandlung der statistischen Methoden würde jedoch ein weiteres Buch füllen.

Bei der Auswahl einer Skala für den klinischen Gebrauch spielt neben den wissenschaftlichen Gütekriterien vor allem die Einfachheit bei der Anwendung eine wichtige Rolle. Verlangt werden eine gute Verständlichkeit für Therapeuten und Patienten, wenig Schulungsaufwand und geringer Zeitbedarf bei der Anwendung.

5.5 Ziele des Messens in der klinischen Arbeit

Raum für Notizen:

Bei der Erfassung der Patientenmerkmale im Rahmen der Befunderhebung werden 2 wesentliche Hauptziele unterschieden:
1. *Problemanalyse* (Befundaufnahme):
   - Ziel der Messungen im Rahmen der Befunderhebung: Individueller Behandlungsplan.
   - Anzahl der Merkmale: Eine Vielzahl an Informationen führt zu einem Gesamtbild.
   - Auswahlkriterien: Während der Befundaufnahme werden gezielt diejenigen Merkmale erfasst, die für die Analyse der Probleme und die Planung der Behandlung relevant sind.
2. *Verlaufskontrolle* (Ergebniskontrolle):
   - Ziel der Messungen: Erfassung des momentanen Zustands und Bewertung des späteren Verlaufs.
   - Anzahl der Merkmale: Der Therapeut wählt wenige Parameter aus.
   - Auswahlkriterien: Relevanz für den Patienten und Therapeuten.

Welche Merkmale im folgenden Beispiel dienen der Problemanalyse und welche können für die Verlaufskontrolle verwendet werden?

> **Beispiel**
>
> Problemanalyse und Verlaufskontrolle
> Eine Patientin kommt mit akuten Rückenschmerzen erstmalig zur Behandlung. Folgende Informationen sind eine Auswahl aus der Befundaufnahme:
> - Anamnese: 35 Jahre alt, Sekretärin mit vorwiegend sitzender Tätigkeit, maximal gehobene Last 5 kg, Arbeitsfähigkeit momentan 0%, Schmerzen in Rücken (lumbal) und Gesäß (rechts).
> - Behinderung im Alltag: *Schmerzen beim Sitzen*, im Haushalt sind nur leichte Tätigkeiten möglich, *erwacht nachts 3–5-mal* wegen Schmerzen, plötzlich auftretende Rückenschmerzen beim Bücken ohne Last, seither *ausstrahlende Schmerzen beim Husten*, Kraft und Reflexe unauffällig.
> - Untersuchung im Stehen: Schmerzbedingte asymmetrische Haltung, *7 cm laterale Verschiebung* von C7 gegenüber S1 (nach links).
> - Bewegungsuntersuchung: *Streckhebung des rechten Beines 30°*, schmerzbedingt eingeschränkt.
> - Alle Merkmale können für die Problemanalyse herangezogen werden. (Die Beschreibung entspricht sehr wahrscheinlich einem akuten diskogenen Problem.)
> - Die kursiv gedruckten Parameter können als Verlaufsmessung gewählt werden.

Raum für Notizen:

5.6 Anforderungen an Messungen

Beobachtungen, Bewegungstests, Messungen, Palpationen und Befragungen liefern bei der physiotherapeutischen Arbeit eine Vielzahl an Daten über einzelne Aspekte der Problematik des Patienten. Beim Befund und der Behandlung berücksichtigt der Therapeut viele Informationen und Erfahrungen. In den letzten Jahren hat sich für diesen Vorgang der Begriff *Clinical Reasoning* etabliert. Dabei sind folgende Punkte von Bedeutung:
- Theoretische Erkenntnisse, z.B. aus Anatomie, Physiologie, Biomechanik und Pathologie;
- Logisches Denken (gesunder Menschenverstand, durch Training optimal angewandt);
- Klinische Erfahrung, die mit den Jahren wächst;
- Werkzeuge im Sinne der Fähigkeiten befragen, beobachten, palpieren und testen.

Auch Tests mit einer guten Qualität sind eine notwendige Grundlage für das Clinical Reasoning. Ob ein Test gut ist, hängt von folgenden 4 Gütekriterien ab:
- Durchführbarkeit;
- Reliabilität (Zuverlässigkeit);
- Validität (Gültigkeit);
- Empfindlichkeit (bei Verlaufsmessungen).

5.6.1 Durchführbarkeit

Die Durchführbarkeit berücksichtigt praktische Aspekte, die oft ein Hindernis für die Anwendung gewisser Tests darstellen. Beispielsweise sind die Instrumente für die Durchführung gewisser Tests einfach teuer, wie z.B. die Maschinen für isokinetische Kraftmessungen. Andere Tests benötigen sehr viel Schulung und sind deshalb nur für Spezialisten geeignet oder sie nehmen zu viel Zeit in Anspruch und werden deshalb nur für Studien benutzt.

5.6.2 Reliabilität

Definition Reliabilität (Zuverlässigkeit)

Ein Messverfahren ist 100%ig zuverlässig, wenn die folgenden beiden Bedingungen erfüllt sind (detaillierte Erklärung der Reliabilität siehe Kap. 7):
- Wiederholte Messungen führen zum gleichen Ergebnis.
- Die Ergebnisse stimmen mit einem perfekten Test (Gold-Standard) überein. (Allerdings ist nicht immer ein Gold-Standard verfügbar.)

Eine sehr wichtige Anforderung an eine Messung ist, dass sie reproduzierbar ist. Wird eine Messung in der gleichen Situation mehrmals wiederholt, ergeben sich viele unterschiedliche Messergebnisse. Die Unterschiede oder Fehler der Ergebnisse können in systematische und zufällige Fehler unterteilt werden.

■ Systematische Fehler

Sie bedeuten eine Abweichung vom Durchschnittswert aller Messungen von der Wirklichkeit. Systematische Fehler verzerren die Wirklichkeit (Bias).

■ Zufällige Fehler

Dabei handelt es sich um die Abweichung der Messungen vom Mittelwert aller Messungen, die *Streuung* der Messergebnisse um den Mittelwert. Eine Messung mit guter *Präzision* hat eine geringe Streuung. Präzision hat also mit dem zufälligen Fehler zu tun.

Sind eine Kraftmesszelle, ein isokinetisches oder ein anderes Messgerät schlecht geeicht, führt dies zu einem systematischen Fehler. Die Präzision wird dadurch nicht beeinträchtigt. Die Messung ist in diesem Fall sehr präzise, jedoch nicht valide.

> **Beispiel**
> Die Begriffe lassen sich anhand des Gewehrschießens erklären. Ein perfekter Schütze schießt mit 4 verschiedenen Gewehren. Die unterschiedlichen Abstände der Einschüsse zur Mitte der Zielscheibe sind die Folge der unterschiedlichen Qualität der Gewehre (Abb. 5.7).

Raum für Notizen:

Fragen

1. Wie sind die Eigenschaften der Gewehre 1–4 in Bezug auf:
   – Zufällige Fehler/Präzision;
   – Systematische Fehler/Bias?
2. Wie ist das durchschnittliche Ergebnis der Gewehre 1–4?

Ergebnisse

1. Das 1. Gewehr hat einen großen *systematischen Fehler*. Die Schüsse treffen immer links oberhalb des Ziels ein. Das durchschnittliche Resultat zeigt einen großen *Bias*. Die *Präzision* ist relativ gut, was an dem kleinen *zufälligen Fehler* zu erkennen ist.
2. Auch beim 2. Gewehr ist der *systematische Fehler* groß. Der *zufällige Fehler* (Streuung) ist größer als bei Gewehr 1, sodass seine *Präzision* schlechter ist. Die Größe des systematischen Fehlers ist bei Gewehr 1 und 2 ähnlich, die Richtung des Fehlers ist jedoch unterschiedlich.

Raum für Notizen:

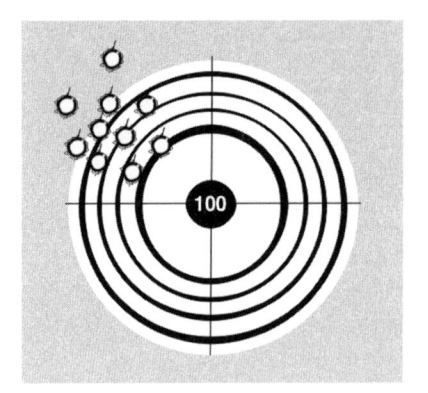

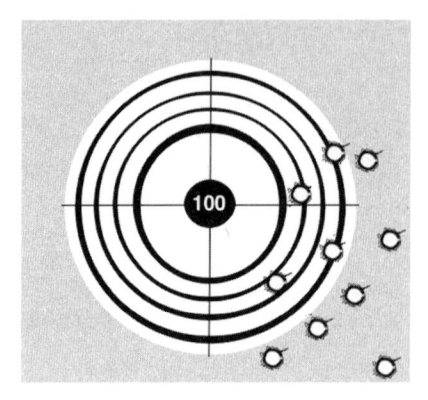

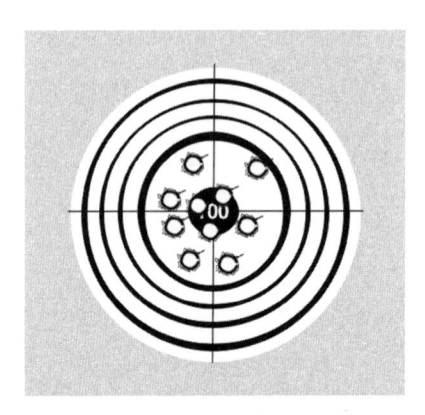

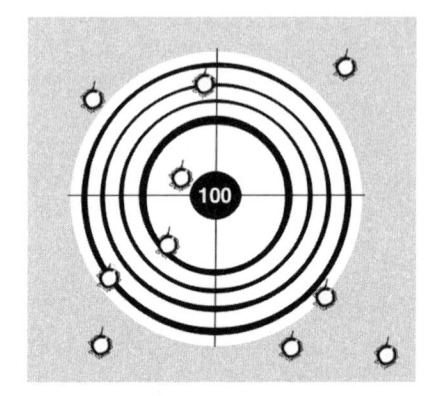

Abb. 5.7 Unterschiedliche systematische und zufällige Fehler, wenn mit 4 Gewehren geschossen wird.

3. Das 3. Gewehr hat keinen offensichtlichen *systematischen Fehler*. Es ist das einzige ohne *Bias*. Außerdem hat es auch eine relativ gute *Präzision*. Die Größe des *zufälligen Fehlers* ist mit der von Gewehr 1 vergleichbar.
4. Beim 4. Gewehr besteht eine noch geringere Anhäufung der Einschüsse in Zielnähe. Es scheint ziemlich wertlos. Trotzdem liegt der Mittelwert aller Einschüsse (Mitte der Punktewolke) in der Nähe der Zielscheibenmitte. Der Bias ebenso wie die Präzision sind hier geringer als bei Gewehr 1.

> **Merke**
>
> Eine Messung mit einer hohen Zuverlässigkeit (Präzision, Reproduzierbarkeit) zeigt bei wiederholter Messung eine geringe Streuung und es gibt keine systematischen und/oder zufälligen Fehler (willkürliche oder Random-Fehler).
> Systematische Fehler führen zu verzerrten Resultaten (Bias), die die Validität (Gültigkeit) der Messung beeinträchtigen.

5.6.3 Validität

> **Definition Validität**
>
> Das Instrument misst, was es messen soll. Es wird nur das zu untersuchende Kriterium und keine anderen Faktoren gemessen.

Validität eines Tests bedeutet, ob er wirklich das misst, was gemessen werden soll.
  Wir möchten hier auf zwei Methoden zur Validierung eines Tests eingehen.
- *Kriterium-Validität:* Ein neuer Test wird mit dem besten bestehenden Test (Kriterium) verglichen.
- *Expert-Validität:* Hier geht es darum, ob Experten meinen, dass eine Messung valide ist. Diese möglicherweise etwas unwissenschaftlich erscheinende Vorgehensweise ist oft der Anfang der Entwicklung einer Messung. (Beispiel: Bei der Erarbeitung eines Fragebogens für Schulterbeschwerden bei ATL werden zuerst Experten befragt, welche Beschwerden bei diesen Patienten oft vorkommen. Anschließend kann der Fragebogen in einer Studie weiter entwickelt werden.)

Verwendung des Begriffs Validität

Validität heisst im Allgemeinen „Gültigkeit", und wird unter anderem auch in folgenden Zusammenhängen benützt:
- *Studiendesigns* sind mehr oder weniger valide für die Aussagen, die sie machen. Dies hängt von der methodologischen Qualität des Designs ab.
- *Prediktive Validität:* Lässt sich mithilfe der Messung eine zuverlässige Prognose stellen? (Beispiel: Je tiefer bei lumbalen Rückenschmerzen radikuläre Schmerzen in das Bein ausstrahlen, desto länger dauert die Arbeitsunfähigkeit.)

5.6.4 Empfindlichkeit

> **Definition Empfindlichkeit**
>
> Die Fähigkeit einer Messung, relevante Veränderungen zu erfassen.

Die Empfindlichkeit für Veränderungen ist eine Schlüsselqualifikation einer Messung zur Evaluation der Behandlungseffektivität.
  Die Empfindlichkeit nimmt zu, wenn die Messskala feiner unterteilt ist und wenn eine Messung speziell für ein Krankheitsbild entwickelt wurde (Abb. 5.5).

Raum für Notizen:

Raum für Notizen:

5.7 Variationen der Messergebnisse und Gegenmaßnahmen

Grundsätzlich ist davon auszugehen, dass wiederholte Messungen zu unterschiedlichen Resultaten führen. Daher sollen die Ursachen dieser Variation untersucht werden.

5.7.1 Ursachen für Variationen

▪ Variationen beim Patienten

Bei wiederholten Kraftmessungen mit einem Dynamometer variierten die Ergebnisse (Zuverlässigkeit Test/Retest). Um die Reproduzierbarkeit zu erhöhen, werden 3 Versuche durchgeführt und das beste Resultat als Ergebnis genommen.

Bei Patienten mit Polyarthritis zeigen die Messungen der Gelenke und die Ausdauerleistung beim Gehen (Wie viele Meter kann der Patient in 3 Minuten gehen?) starke Variationen im Tagesverlauf. Hier lässt sich die Zuverlässigkeit erhöhen, indem immer zur gleichen Tageszeit gemessen wird.

▪ Variationen beim Therapeuten

Ein Therapeut führt in einer Gruppe bei jedem Patienten 2-mal denselben passiven Mobilitätstest durch. Wahrscheinlich stimmen die Ergebnisse nicht 100 %ig überein. Mögliche Ursachen für diese unterschiedlichen Ergebnisse sind Variationen bei der Durchführung und Interpretation des Tests seitens des Therapeuten.

Intra- und Inter-Tester-Zuverlässigkeit

- *Intra-Tester-Zuverlässigkeit:* Sie wird bestimmt, wenn der gleiche Therapeut die Messung mehrmals wiederholt (engl. intra-tester reliability, intra-rater reliability, intra-observer reliability).
- *Inter-Tester-Zuverlässigkeit:* Sie wird bestimmt, wenn mehrere Therapeuten die Messung unabhängig voneinander durchführen (engl. inter-tester reliability, inter-rater reliability, inter-observer reliability).

Da unterschiedliche Tester in der Regel mindestens geringe Unterschiede bei der Messung aufweisen, ist im Allgemeinen die Inter-Tester-Zuverlässigkeit schlechter als die Intra-Tester Zuverlässigkleit. Damit taucht der Begriff *Subjektivität* auf.

> **Definition Subjektivität**
>
> Die Subjektivität beschreibt das Ausmaß, in dem der Tester beim Ergebnis der Messung eine Rolle spielt (Differenz zwischen Intra- und Inter-Tester-Zuverlässigkeit).

Raum für Notizen:

Bei Palpationen und passiven Tests spielt der Unterschied zwischen den jeweiligen Therapeuten eine relativ große Rolle, während sie bei aktiven Tests und anamnestischen Fragen keine oder eine viel geringere Bedeutung hat.

Variationen beim Testgerät

Diese spielen bei Messungen mit Winkelmesser und Maßband eine geringe Rolle, da sie im Verhältnis zu den anderen Variationen sehr klein sind. Zur korrekten Interpretation der Messungen müssen die Zuverlässigkeit der angewandten Tests ebenso wie die Gültigkeit bzw. Validität der Schlussfolgerungen bekannt sein.

5.7.2 Was bedeutet subjektiv und objektiv?

Die beiden Begriffe sind oft mit einer Wertung verbunden, wobei die Angaben der Patienten als subjektiv und die der Therapeuten oder Ärzte als objektiv bezeichnet werden. Dadurch scheinen die Angaben der Patienten eine geringere Bedeutung zu haben.

In den letzten Jahren wird jedoch den Angaben der Patienten ein zunehmender Stellenwert beigemessen, indem z.B. die Patientenzufriedenheit und Alltagsaktivitäten durch Erfragen erfasst werden. Bislang galten diese *subjektiven* Angaben im Vergleich zu Messungen seitens der Therapeuten oder Ärzte als weniger aussagekräftig.

- *Subjektive* Angaben sind z.B.:
  - Schmerzangabe auf einer Skala von 0–10: Der schlimmste Schmerz, den ich mir vorstellen kann.
  - Angaben über Einschränkungen im Alltag, die nicht vom Untersucher objektiviert werden: Ich kann aufgrund meiner Schmerzen nur 20 Minuten sitzen.
- *Objektive* Angaben sind z.B.:
  - Gelenkmessungen, Palpation von Muskelverhärtungen, Haltung;
  - Ausführung von Aktivitäten (gehen, hinsetzen, Schuhe anziehen bei Hüftschmerzen).

Raum für Notizen:

Weit verbreitete Missverständnisse

1. Objektive Messungen sind in Bezug auf Reproduzierbarkeit besser als subjektive Messungen!
   Diese Annahme ist falsch: Viele (subjektive) Messungen mittels Fragebogen haben eine bessere Reproduzierbarkeit als (objektive) Messungen (z.B. Kraft und Bewegungsausmaß).
2. Objektive Messungen sind valider, um die Effektivität der Behandlung zu belegen!
   Diese Annahme ist falsch: Viele objektive Messungen haben einen geringen Zusammenhang mit den Aktivitäten im Alltag (ATL). Die (subjektiven) Angaben der Patienten über die ATL sind wichtiger als manche objektiven Messungen der Einschränkungen.
3. Objektive Messungen entsprechen der Wirklichkeit, sie sind präzise!
   Diese Annahme ist falsch: Kraft ist mit einer Kraftmesszelle oder einem isokinetischen Gerät sehr objektiv messbar. Die Schwankungen sind jedoch enorm und können bis zu 100% betragen. Eine Wirklichkeit gibt es nicht, sie kann höchsten künstlich definiert werden.

Es ist sinnvoller, beim Tester (Therapeut) die Objektivität und die Subjektivität zu betrachten (S. 74).

5.7.3 Wie genau muss eine Messung sein?

Es ist nicht möglich, wirkliche Veränderungen zu messen, wenn die Variationen der Testergebnisse bei wiederholter Messung im Verhältnis zu den zu erwartenden Veränderungen im Behandlungsverlauf groß sind. Daher muss der Fehler kleiner als die erwartete Veränderung sein. Bei der Messung von Flexion und Extension im Kniegelenk ist eine Messgenauigkeit von 10° ungenügend, um den Therapieverlauf bei einer Einschränkung der Extension im Kniegelenk um 10° zu dokumentieren. Die gleiche Präzision genügt jedoch, um im Verlauf zuverlässig eine Verbesserung der Flexion um 50° nachzuweisen.

■ Literatur

Cole B, Finsch E, Gowland C, Mayo N. Physical Rehabilitation Outcome Measures. Toronto: Canadian Physiotherapy Association, 1994.

Collen FM, Wade DT, Robb GF, Bradshaw CM. The Rivermead Mobility Index: a further development of the Rivermead Motor Assessment. Int Disabil Stud 1991;13:50–54.

Gowland C, van Hullenaar S, Torresin W, et al. Chedoke-McMaster stroke assessment, development, validation and administration manual. Chedoke, Canada: 1995. (Deutsche Übersetzung erhältlich bei: Jan Kool, Klinik Valens, CH-7317 Valens)

Gowland Carolyn, School of OT/PT, McMaster University, Hamilton, Ontario, Canada. Deutsche Übersetzung erhältlich bei J. Kool, Klinik Valens, CH-7317 Valens

Heald SL, Riddle DL, Lamb RL. The shoulder pain and disability index: the construct validity and responsiveness of a region-specific disability measure. Phys Ther 1997;77: 1079–1089.

Masur H. Skalen und Scores in der Neurologie. Quantifizierung neurologischer Defizite in Forschung und Praxis. Stuttgart: Thieme, 1995.
Streiner DL, Norman GR. Health measurement scales. Oxford: Oxford University Press; 1989.
Vaney C, Blaurock H, Gattlen B, Meisels C. Assessing mobility in multiple sclerosis using the Rivermead Mobility Index and Gait speed. Clin Reh 1996;10:216–226.
Wade DT, Collen FM, Robb GF, Warlow CP. Measurement in neurological rehabilitation. New York: Qxford University Press, 1992.

6 Wie misst man Gesundheit und Lebensqualität?

Jan Kool

6.1 ICIDH-2

Die internationale Tätigkeit der WHO wurde in der Anfangsphase durch die Tatsache behindert, dass für die gleiche Krankheit in verschiedenen Ländern unterschiedliche diagnostische Begriffe vorkommen und der gleiche diagnostische Begriff unterschiedlich definiert wird. Die WHO musste also für ihre Arbeit eine gemeinsame, international anerkannte Ordnung der Definitionen von Krankheiten und eine gemeinsame Sprache entwickeln. Erst die konsequente internationale Anwendung der ICD-10 (International Classification of Diseases, Version 10) ermöglicht den Vergleich, wie häufig Krankheiten in unterschiedlichen Ländern vorkommen.

> **Merke**
>
> Für die Arbeit in Akutkliniken ist die ICD-10 sehr hilfreich. Die Behandlung der Diagnose gehört zur Kernarbeit dieser Kliniken. Die Kernarbeit der Rehabilitation und der Physiotherapie wird mit der ICD-10 jedoch nicht erfasst, da sich diese Bereiche besonders mit den Folgeerscheinungen von Krankheiten befassen.

Die Diagnosen (z. B. Hemiplegie, Amputation, Lungenemphysem, Kreislaufstörung) können in der Regel nicht im akutmedizinischen Sinne geheilt werden. Dies gilt sowohl für die Rehabilitation als auch für die ambulante Physiotherapie. Die Physiotherapie beschäftigt sich mit den Folgeerscheinungen der Diagnose, z. B. Schmerzen, Kraftverlust und Funktionsstörungen bei Abnutzungserscheinungen oder nach Immobilisation.

> **Merke**
>
> Die ICIDH-2 (International Classification of Impairments, Disabilities and Handicaps, 2. Version, WHO 1999) beschreibt Folgeerscheinungen von Krankheiten. Sie ist als theoretisches Instrument für die Forschung, Befunderhebung und Ergebniskontrolle in der Therapie von großer Bedeutung.

Die Begriffe *Impairment* (Körperstruktur/Körperfunktion), *Disability* (Fähigkeitsstörung, individuelle funktionelle Einschränkung) und *Handicap* (Benachteiligung, Beeinträchtigung) sind immer häufiger auch im Sprachschatz der Therapeuten zu finden. Am Beispiel einer Person mit Poliomyelitis (Kinderlähmung) lassen sich die Begriffe gut erklären. Dabei wird angenommen, dass die betroffene Person Einschränkungen bei der Kraft und der Gehfähigkeit aufweist.
Die ICIDH-2 ordnet Krankheitsfolgen in folgende 3 Stufen ein (Abb. 6.1):
– Stufe der Körperstruktur/Körperfunktion (Impairment);
– Stufe der Aktivitäten (Activities);
– Stufe der Partizipation oder Teilnahme (Participation).

Krankheitsfolgen

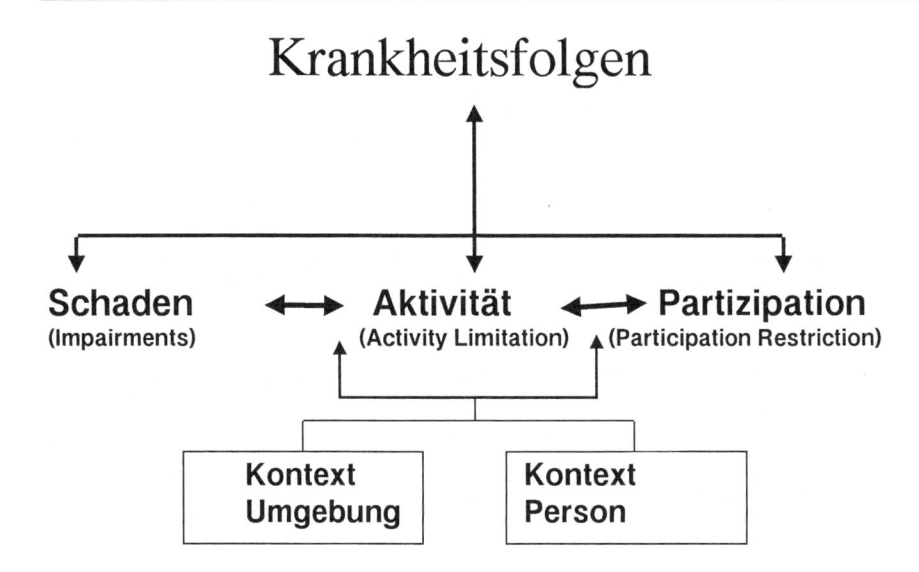

Schaden ⟷ **Aktivität** ⟷ **Partizipation**
(Impairments)   (Activity Limitation)   (Participation Restriction)

Kontext Umgebung   Kontext Person

Schaden
keine Muskelkontrolle der Beine

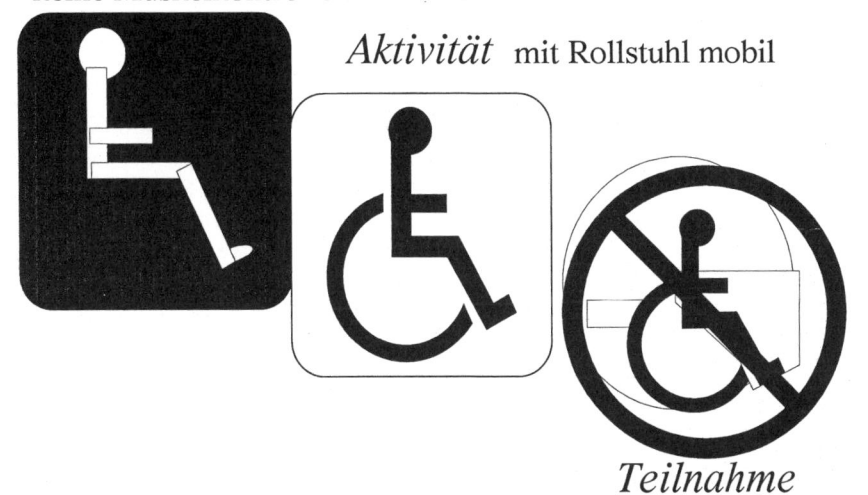

Aktivität mit Rollstuhl mobil

Teilnahme
durch Kontextfaktoren eingeschränkt

Abb. 6.1 Drei Stufen der ICIDH-2.

Raum für Notizen:

1. Stufe: Schaden/Körperstruktur/Körperfunktion (Impairment)

Ein Verlust oder eine Störung einer anatomischen Struktur oder einer physiologischen oder psychologischen Funktion wird erfasst bei den Körperfunktionen (z.B. Lernfähigkeit, Kontinenz) und/oder Körperstrukturen. Es werden *primäre Schäden* (z.B. Ausfall der motorischen Vorderhornzellen bei einer Poliomyelitis) und *sekundäre Schäden* (z.B. Koordinationsverlust, Schwäche, Kontrakturen, Dekubitus) unterschieden.

Der Begriff „Schaden" der ersten Version ist kurz, wird wohl zunehmend von dem leider umständlichen Begriffspaar Körperstruktur/Körperfunktion ersetzt, das nicht negativ sondern neutral ist.

2. Stufe: Aktivitäten (Activities)

Die Stufe der Aktivitäten beschreibt das Ausmaß der Funktionsfähigkeit eines Individuums auf seiner persönlichen Ebene. Dazu gehören seine Alltagsaktivitäten, d.h. die Behinderung ist im Alltag erkennbar. Bei der Poliomyelitis mit Kraftverlust kann es zu einer Behinderung der Gehfähigkeit kommen, sodass sich der Patient teilweise im Rollstuhl fortbewegen muss.

3. Stufe: Teilnahme (Participation)

Hier wird die Teilnahme der jeweiligen Person in der Gesellschaft beurteilt. Das bedeutet, inwiefern sie imstande ist, ihre psychosoziale Rolle auszuüben. Welche Benachteiligung (Handicap) besteht für diese Person? Alle Menschen spielen im Leben gleichzeitig mehrere Rollen, z.B. soziale Rollen als Vater und Ehemann bzw. berufliche Rollen als Physiotherapeut und Lehrer.

> **Beispiel**
>
> Präsident Roosevelt litt an Poliomyelitis. Die Diagnose stellt nach ICD-10 den primären Schaden dar. Die Folge nach ICIDH-2 – Kraftverlust in den Beinen, also der sekundäre Schaden – schränkte seine Gehfähigkeit auf der Aktivitätsebene stark ein. Er benötigte zwar einen Rollstuhl, war jedoch trotzdem im Stande, seine Rolle als Präsident der Vereinigten Staaten wahrzunehmen. Seine berufliche Teilnahme (Partizipation) war nicht reduziert. Bei einem Landwirt beispielsweise wäre die Einschränkung der Teilnahme im Beruf sicher deutlich größer gewesen.

Exkurs: Weiterentwicklung der ICIDH

Die 2. Version der ICIDH, die oben erwähnte ICIDH-2 (WHO 1999), zeigt im Vergleich zur 1. Version von 1980 verschiedene Verbesserungen, von denen die Folgenden hervorzuheben sind:

- Die ICIDH-2 gibt ein positiveres Bild des Patienten. Anstatt wie bei der 1. Version mit *Disabilities* zu betonen, was der Patient *nicht* kann, wird von Aktivitäten gesprochen. Auch den erhaltenen Funktionen wird mehr Beachtung geschenkt.
- Die ICIDH-2 ist universal anwendbar. Sie verbindet medizinische, soziale und andere (biologische, kulturelle) Modelle.
- Die Dimensionen stehen in einem interaktiven und nicht in einem linear progressiven Zusammenhang zueinander. Eine Beeinflussung zwischen den 3 Dimensionen ist in beiden Richtungen und nicht nur in Richtung Krankheit > Schaden > Aktivität > Teilnahme möglich.
- Die Dimensionen können (müssen jedoch nicht) sich gegenseitig beeinflussen. Veränderungen auf einer Ebene resultieren nicht unbedingt in Änderungen in einer anderen Dimension. Eine Verbesserung der Kraft oder Beweglichkeit hat nicht immer eine Verbesserung der Aktivität zur Folge.
- Die Berücksichtigung von Umfeld und Kontextfaktoren (Abb. 6.1), ermöglicht ein vollständigeres Bild der physiotherapeutischen Arbeit.
- Die ICIDH-2 lässt sich an unterschiedliche Kulturen anpassen, was für die Arbeit der WHO von besonders großer Bedeutung ist.

Raum für Notizen:

> **Merke**
> Umfeld und Kontextfaktoren sind wichtig für die Lebensqualität.

Die ICIDH-2 hat neue Schwerpunkte gesetzt. Die Partizipation ist im Gegensatz zu den Aktivitäten vom Betroffenen und vom Umfeld abhängig. Die Berücksichtigung der Kontextfaktoren der betroffenen Person ermöglicht, dass bei gleicher Behinderung die Einschränkung der Lebensqualität individuell anders beurteilt werden kann. Dabei spielen individuelle Bedürfnisse, soziale Rollen, Kultur und andere Kontextfaktoren eine Rolle. Auch das Umfeld, z. B. die Familie, ist sehr wichtig für die Entfaltungsmöglichkeit des Patienten. Zusätzlich ist die Kultur zu berücksichtigen, d. h. vom Patienten darf keine kulturfremde Rollenerfüllung erwartet werden.

Bei der beruflichen Rehabilitation nehmen Gesellschaft und Politik einen wichtigen Platz ein. Politische Maßnahmen sind von Bedeutung, beispielsweise wenn es um Gesetze für behindertengerechtes Bauen oder Regelung der gleichen Entschädigung für Pflege durch Angehörige wie durch professionelle Kräfte geht. Mit der Berücksichtigung dieser Kontextfaktoren werden die Gesundheitsfolgen und die Möglichkeiten der Einflussnahme darauf umfassender dargestellt. Rehabilitation kann in ihrer Gesamtheit beschrieben werden. Besonders die Physiotherapie kann auf diese Kontextfaktoren Einfluss nehmen, z. B. durch die Hilfsmittelberatung, Wohnungsanpassungen und das Einbeziehen von Bezugspersonen in die Behandlung.

Tabelle 6.1 zeigt erleichternde und einschränkende Kontextfaktoren. Dabei wird auch deutlich, dass die Physiotherapie im ganzen System nur ein Element ist, und unsere Möglichkeiten manchmal begrenzt sind.

Raum für Notizen:

Tabelle 6.1   Kontextfaktoren

Erleichternde Kontextfaktoren	Einschränkende Kontextfaktoren
– Unterstützung durch soziales Umfeld – Orthesen – Wohnungsanpassung – Anpassung des Arbeitsplatzes, berufliche Maßnahmen, Umschulung – Gesetze zur Förderung der Integration behinderter Personen – gute Versicherung – finanzielle Mittel	– fehlende Unterstützung durch Bezugspersonen – nicht behindertengerechte Wohnung – Anpassung der Arbeit an die Behinderung nicht möglich, Arbeit ungeeignet für die Behinderung – Überangebot an Stellensuchenden auf dem Arbeitsmarkt – minimale Versicherung – keine persönlichen finanziellen Ressourcen für Leistungen, die nicht von den Versicherungen übernommen werden

Beispiel

Oberstes Ziel auf der Partizipationsebene eines Hemiplegiepatienten im Rollstuhl ist es, einkaufen zu gehen. Das bedeutet für den Therapeuten, dass er auf der Aktivitätsebene die Gehfähigkeit des Patienten erreichen sollte. Die Bewegungsqualität ist dem Ziel *Erreichen der Gehfähigkeit* untergeordnet. Wird das Ziel nicht erreicht, muss geklärt werden, ob mit der Anschaffung eines Elektrorollstuhls (erleichternder Kontextfaktor) das Patientenziel realisierbar ist.

Merke

Für den Patienten sind die übergeordneten Ziele der Physiotherapie relevant. Sie werden auf der Ebene Aktivität und Partizipation definiert. Behandlungsziele der Physiotherapie auf Schadenebene (z. B. Kraft, Beweglichkeit) dienen dazu, das übergeordnete Ziel zu erreichen (Abb. 6.2).

6.1.1 Behandlungsschwerpunkte

Nach dem Ausbruch einer Krankheit gibt es für jede Behandlungsphase eine andere Ebene mit einem anderen Behandlungsschwerpunkt:
– Während der Akutphase konzentriert sich die ärztliche Behandlung vorwiegend auf die Begrenzung und Heilung der Schäden.
– Nach der Akutphase und der akutmedizinischen Versorgung ist das oberste Ziel der Rehabilitation und Physiotherapie die Verbesserung der Teilnahme der Patienten in der Gesellschaft. Dazu müssen vor allem die Aktivitäten verbessert werden, die als Folge der Schäden eingeschränkt sind. Der primäre Schaden (Diagnose) lässt sich in der Regel nicht reduzieren.

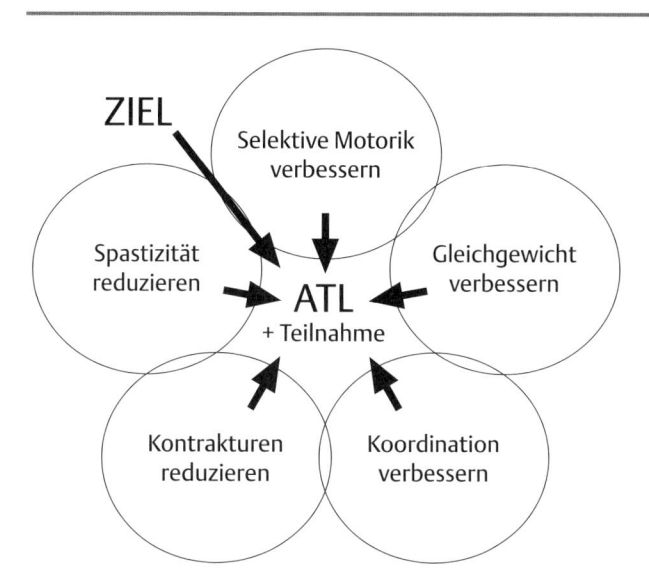

Abb. 6.2 In den Kreisen: Physiotherapeutische Behandlungsansätze zur Verbesserung der ATL-Aktivität, welche das übergeordnete Patienten- und Behandlungsziel darstellt.

Die gezielte Behandlung der sekundären Schäden, wie z. B. Kraftverlust und Kontrakturen, dient der Wiederaufnahme der Aktivitäten. Weitere mögliche Maßnahmen zur Reduktion der Behinderung können auch eine Hilfsmittelanpassung durch *erleichternde Kontextfaktoren,* eine Umschulung oder eine Wohnungsadaptation sein.

6.1.2 Schaden, Aktivität, Teilnahme – früher, heute, morgen!

Welcher Ebene wird die größte Bedeutung beigemessen?
    In den letzten 20 Jahren lässt sich eine deutliche Entwicklung in der Physiotherapie beobachten. Anfänglich wurde dem Schaden (z. B. Tonusprobleme, Schwächen, Bewegungseinschränkung und -qualität) oberste Priorität eingeräumt. Derzeit stehen mehr die Aktivitäten im Mittelpunkt, und in den nächsten Jahren wird die Partizipation der Patienten eine immer wichtigere Rolle spielen.

> **Merke**
> Eine Verbesserung auf der Schadenebene führt nicht in jedem Fall zu Verbesserungen auf der Behinderungs- und Benachteiligungsebene. Will der Physiotherapeut feststellen, ob dem Patienten eine Behandlung geholfen hat, muss er auf jeden Fall auch auf der Aktivitätsebene und nicht nur auf der Schadenebene messen.

Raum für Notizen:

Raum für Notizen:

6.2 Lebensqualität

Was ist unter Zufriedenheit zu verstehen? Der Mensch ist zufrieden, wenn sich seine Erwartungen an das Leben und seine Möglichkeiten im Gleichgewicht befinden (Abb. 6.**3**).

Patienten verlangen in zunehmendem Ausmaß, dass sich ihre Lebensqualität (engl. Quality of Life, QOL) verbessert. Die ICIDH-2 benutzt den Begriff Lebensqualität nicht. Ein sehr großer Teil von dem, was als Lebensqualität betrachtet wird, lässt sich aber unter *Partizipation* einordnen. Anerkannte Messungen zur Erfassung der Lebensqualität sind teilweise auch auf der Ebene der Aktivität angesiedelt. Lebensqualität hat viel mit Zufriedenheit zu tun und wird von vielen Experten als wichtigste Ergebnisebene betrachtet. Normalerweise wird die Lebensqualität anhand eines Fragebogens gemessen.

Es stellt sich die Frage, weshalb die Bedeutung der Partizipation und der Lebensqualität in den letzten Jahren derart zugenommen hat. Bis vor wenigen Jahrzehnten war es eine primäre Aufgabe der Medizin, das Leben der Menschen zu verlängern, da akute Krankheiten und Epidemien die Lebensdauer verringerten. Erst seit einiger Zeit wird diese Maximierung der Lebensdauer als oberstes Ziel unseres Gesundheitssystems zunehmend kritisiert. Zu dieser Kritik tragen folgende Faktoren bei:

– *Technologischer Fortschritt.* Die Fortschritte in der Gerätemedizin haben dazu geführt, dass zwar immer mehr Menschen mithilfe der Technologie „biologisch leben", dabei aber „sozial tot" sind.

Abb. 6.**3**

- *Individualisierung.* Die Zunahme der individuellen Autonomie hat zur Folge, dass Patienten allmählich zu Klienten werden und über medizinische Behandlungen mit entscheiden wollen. Dabei ist die Berücksichtigung der Konsequenzen verschiedener Behandlungsmöglichkeiten ein zentraler Punkt.
- *Kosten der Medizin.* In keinem Land sind unbegrenzte finanzielle Ressourcen vorhanden. Die Ausgaben für das Gesundheitssystem werden daher immer stärker eingeschränkt.
- *Chronische Krankheiten.* Die Häufigkeit chronischer Krankheiten hat im Vergleich zu den akuten Erkrankungen enorm zugenommen. Demzufolge gibt es eine viel größere Anzahl chronisch kranker Personen, die trotz der modernen, technisch-apparativen Medizin nicht geheilt werden können.

Raum für Notizen:

Die Messung der Lebensqualität wirft spezielle Fragen auf. Die Forschung beschäftigt sich mit folgenden Gesichtspunkten:
- *Normwerte.* Wie ändert sich die Lebensqualität durch einen bestimmten Behinderungsgrad (z. B. Rückenschmerzen, Hemiplegie oder Unterschenkelamputation)? Gesunde Personen werden befragt, wie sie ihre Lebensqualität im Vergleich zur vollständigen Gesundheit einschätzen.
- *Veränderte Wahrnehmung der Lebensqualität.* Behinderte schätzen die eigene Lebensqualität bei ihrer Behinderung anders ein als gesunde Personen.
- *Wo befindet sich der Nullpunkt?* Es gibt viele Zustände, die von gesunden Personen schlimmer als der Tod eingeschätzt werden, z. B. Koma, bestimmte psychiatrische Krankheitsbilder oder das Endstadium bei einem Krebsleiden.

6.2.1 Partizipation – Lebensqualität – Zufriedenheit

Wie erreicht ein Patient Lebensqualität und Zufriedenheit (Abb. 6.**4**)?

Angenommen, eine Person erleidet eine Verschlechterung der Gesundheit mit bleibenden Folgen, z. B. durch eine Querschnittlähmung. Welche Faktoren bestimmen letztlich die Lebensqualität und Zufriedenheit? Es lassen sich 2 Mechanismen erkennen, die dazu führen, dass auch viele Patienten mit einer körperlichen Behinderung und einer Einschränkung der Partizipation ein hohes Maß an Zufriedenheit aufweisen:
- Die medizinische Behandlung einschließlich der Rehabilitation reduziert die Krankheitsfolgen auf ein Minimum.
- Der Patient passt seine Erwartungen an seine Möglichkeiten an. Nach jeder Krankheit mit bleibender Reduktion der Gesundheit findet über längere Zeit ein Verarbeitungsprozess statt, der von eminenter Bedeutung ist, um im Leben wieder Stabilität und Zufriedenheit (Lebensqualität) zu erlangen.

Abb. 6.4   Lebensqualität wird individuell unterschiedlich empfunden.

Aus dem 2. Punkt lässt sich eine wichtige Erkenntnis ableiten. Viele Gesundheitsprobleme entstehen aufgrund zu hoher Erwartungen seitens der Patienten. Auch jedem Gesunden sind vergleichbare Mechanismen aus eigener Erfahrung bekannt: Es ist schwer, das gesunde Mittelmaß zu finden (z. B. beim Sport oder im Beruf), und zu hoch gesteckte Ziele bleiben nicht ohne Folgen für die eigene Zufriedenheit.

Der Nutzen einer Behandlung lässt sich mit einer Formel ausdrücken, die den Gewinn an Lebensqualität mit der Anzahl der Jahre, die der Patient durch die Behandlung gewinnt, multipliziert.

Nutzen = Gewinn an Lebensqualität × Lebensjahre
(engl. Quality Adjusted Life Years, QALY)

Junge Personen können beispielsweise 40 Jahre lang von einem Gewinn an Lebensqualität profitieren, während bei Patienten über 80 Jahre diese Zeit vielleicht nur noch 5 Jahre beträgt. Die *QALY-Methode* bildet eine Grundlage für die Entscheidung, ob ein Patient eine Behandlung erhält. Es ist offensichtlich, dass diese Methode große ethische Diskussionen auslöst. Dennoch sind sich alle einig, dass es Grenzen für teure Maßnahmen, wie z. B. Herztransplantationen und Rehabilitationsaufenthalte, geben muss.

6.2.2 Bedeutung der Kosteneffektivität

Raum für Notizen:

Die Messung der Lebensqualität wurde in vielen Bereichen der Forschung bereits auf den 2. Rang verwiesen. Der oft wichtigere und damit ausschlaggebende Faktor bei Entscheidungen über vom Kostenträger vergütete Leistungen ist die Kosteneffektivität. Ihre Berechnung ist eine Weiterentwicklung der QALY-Methode für die Bewertung und Auswahl der Leistungen und wird beispielsweise in folgenden Situationen vorgenommen:
- Leistung oder nicht?
- Die Gesellschaft kann nicht allen Patienten alle theoretisch möglichen Leistungen bezahlen. Wer bekommt eine Herztransplantation? Welche Patienten erhalten nach einem Schlaganfall eine Rehabilitation? Welche geriatrischen Patienten benötigen eine Physiotherapie zur Erhaltung der Gehfähigkeit?
- Der Gewinn an Lebensqualität und die Zeitdauer, die dieser Gewinn vom Patienten genutzt werden kann, wird gegen die Kosten abgewogen. Das entspricht einer Kosten-Nutzen-Analyse.
- Leistung A oder B? Nach einem Schlaganfall stehen z. B. 2 Behandlungen zur Auswahl, die gleich gute Ergebnisse zeigen. Bei einer intensiveren Rehabilitation (Leistung B) sind die Tageskosten höher. Da die Patienten bei einer niedrigeren Behandlungsintensität (Leistung A) jedoch ihre Gehfähigkeit bereits nach 12 statt erst nach 20 Wochen erreichen, sind die Gesamtkosten der Rehabilitation geringer.

■ **Woher beziehen Versicherungsgesellschaften ihre Leistungen?**

Beispiel USA
Was kostet ein FIM-Punkt-Fortschritt (S. 62)?
In Rehabilitationszentren wird als Grundlage für die Berechnung der Kosteneffektivität die Messung der Selbständigkeit in den Alltagsaktivitäten eingesetzt. Teilweise werden die Tarife an diese Fortschritte gekoppelt.

Beispiel Neuseeland
Welches Rehabilitationszentrum erhält den Auftrag?
Eine Versicherungsgesellschaft möchte hinsichtlich der Kosteneffektivität die beste Behandlung für ihre Rückenpatienten. In dieser Patientengruppe werden langfristig gesehen die meisten Kosten durch Lohnausfall und Rentenzahlungen bei Invalidität verursacht. Ziel ist deshalb, einen größtmöglichen Anteil der Patienten wieder arbeitsfähig zu machen. Die Versicherungsgesellschaft schließt mit mehreren Rehabilitationskliniken einen einjährigen Vertrag für die Rehabilitation von Patienten mit Rückenschmerzen. Bei einigen 100 Patienten pro Jahr bedeutet dies für die Rehabilitationskliniken einen Umsatz in Millionenhöhe. Nach 1 Jahr vergleicht die Versicherungsgesellschaft die Ergebnisse der Kliniken: Die Klinik mit den meisten arbeitsfähigen Patienten erhält in Zukunft den Zuschlag.

Raum für Notizen:

■ Schwerpunkt der Messebene

Diagnostik (Befundaufnahme), Verlaufskontrolle und Behandlung erfolgen auf den Ebenen Schaden, Aktivität und Partizipation. Aus der Sicht der Patienten ist die Lebensqualität zentral, während für die Politik und die begrenzt zur Verfügung stehenden Ressourcen eher die Kosteneffektivität von Interesse ist. Bei der Evaluation von Maßnahmen im Gesundheitswesen können also viele Bereiche erfasst werden.

Welche dieser Ebenen oder Bereiche verdient nun oberste Priorität? Die Wirkungsmessung erfolgte in der Vergangenheit oft ausschließlich auf der Ebene der Schäden bzw. des Impairments. In Zukunft wird jedoch ein Ergebnisnachweis auf dieser Ebene nicht mehr ausreichen. Damit sind Ergebnismessungen auf der Ebene der Aktivitäten unerlässlich.

Da Physiotherapeuten in ihrer täglichen Arbeit noch zu stark an der Schadenebene orientiert sind, ist es wichtig, sich intensiv mit der Erfassung der Behandlungsziele auf der Ebene der Aktivitäten vertraut zu machen. Die Ausführungen über die Kosteneffektivität sollen einen Eindruck möglicher zukünftiger Entwicklungen vermitteln, die auch die Physiotherapie zunehmend beeinflussen werden.

■ Literatur

International Classification of Impairments, Disabilities and Handicaps, 2. Version 1999, World Health Organisation, WHO, Geneve, http://www.who.org

7 Diagnostik in der Physiotherapie: Reliabilität und Validität

Jan Kool

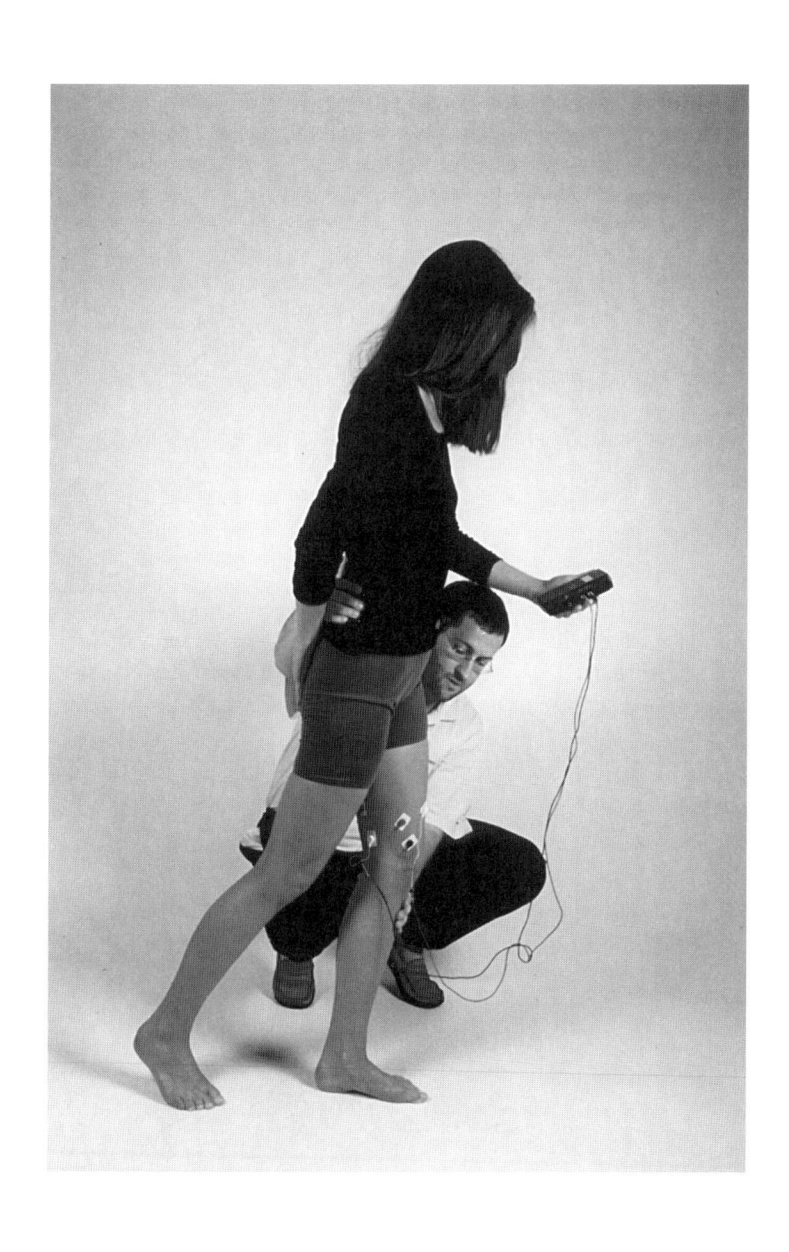

Raum für Notizen:

Auch in der Physiotherapie werden Daten mittels Tests ermittelt. Wie steht es mit der Reliabilität (Zuverlässigkeit) und Reproduzierbarkeit unserer Tests? Außerdem testen nicht alle gebräuchlichen Tests das, was sie vorgeben zu testen. Umso wichtiger ist es für den Therapeuten, dass er beurteilen kann, wie es um die beiden Testkriterien *Reliabilität* und *Validität* steht (siehe auch Kap. 5).

7.1 Reliabilität

Definition Reliabilität

Ein Messverfahren ist zuverlässig, wenn die folgenden beiden Bedingungen erfüllt sind:
- Wiederholte Messungen führen zum gleichen Ergebnis.
- Die Ergebnisse stimmen mit einem perfekten Test (Gold-Standard) überein. (Allerdings ist nicht immer ein Gold-Standard verfügbar.)

Es gibt unterschiedliche Kennwerte für die Zuverlässigkeit eines Tests, die von den beiden folgenden Eigenschaften abhängig sind:
- Ist ein Gold-Standard verfügbar?
- Wie werden die Ergebnisse ausgedrückt?

Nachfolgend werden die dichotom (S. 64) und kontinuierlich (S. 63) gemessenen Kriterien dargestellt.

Gold-Standard

Definition Gold-Standard

Der Gold-Standard ist ein (annähernd) perfekter Test zur Messung oder Diagnose eines Merkmals. (Der Begriff stammt aus dem Finanzwesen und beschreibt eine währungspolitische Regelung, bei der Gold die Grundlage der Landeswährung ist.)

Der Idealfall ist also, wenn beide Testergebnisse 100%ig übereinstimmen. Es gibt jedoch 2 Gründe, weshalb zur Messung eines Merkmals kein Gold-Standard benutzt wird (Kap. 6):
- Häufig gibt es für ein Merkmal keinen perfekten Test.
- Der perfekte Test ist oft zu teuer oder für den Patienten zu belastend.

Dichotom gemessene Kriterien

Es sind nur 2 Ergebnisse möglich.

> **Beispiel**
> Iliosakralgelenk
> – Der Provokationstest ist positiv oder negativ.
> – Eine Hypomobilität ist nachweisbar oder nicht.

Raum für Notizen:

Kontinuierlich gemessene Kriterien

Das Ergebnis kann in einem bestimmten Bereich jeden beliebigen Wert annehmen.

> **Beispiele**
> – Streckhebung des Beines (Straight Leg Raise): der Messwert liegt meistens zwischen 0° und 90° Flexion des Beines im Hüftgelenk.
> – Messen der Außenrotation im Hüftgelenk.
> – Kraftmessung mit dem Dynamometer.

Im Folgenden werden die verschiedenen Zuverlässigkeitsbegriffe für die oben angeführten Situationen anhand von Beispielen erklärt (Tab. 7.1).

Tabelle 7.1 Die verwendeten Kennwerte für die Zuverlässigkeit sind von den Eigenschaften des jeweiligen Tests abhängig

Merkmalsausprägung	Vergleich mit Gold-Standard	Kein Gold-Standard, Vergleich mit sich selbst
Dichotom	Sensitivität und Spezifität	Kappa-Wert
Kontinuierlich	Standardabweichung und systematischer Fehler	Standardabweichung

7.1.1 Dichotome Messungen im Vergleich zum Gold-Standard

Sensitivität und Spezifität

Bei der *Sensitivität* (Se) oder Empfindlichkeit eines Tests handelt es sich um seine Fähigkeit, kranke Personen als solche zu diagnostizieren. Das bedeutet, wenn der Patient in Wirklichkeit krank ist, stellt dies der Test fest. Ein perfekter Test hat eine Sensitivität von 1. Werden z. B. 90 % aller Kranken im Test als krank erkannt, beträgt die Sensitivität 0,9.

Raum für Notizen:

Die *Spezifität* (Sp) eines Tests beschreibt seine Fähigkeit, gesunde Personen als solche zu diagnostizieren. Ist eine Person also in Wirklichkeit gesund, stellt der Test dies fest. Ein perfekter Test hat eine Spezifität von 1. Werden z. B. 80 % aller Gesunden anhand des Test als gesund erkannt, beträgt die Spezifität 0,8.

> **Merke**
> – *Sensitivität:* Der Anteil positiver Testergebnisse bei den positiven Personen; krank (im Test)/krank (in Wirklichkeit).
> – *Spezifität:* Der Anteil negativer Testergebnisse bei den negativen Personen; gesund (im Test)/gesund (in Wirklichkeit).

Das jeweilige Ergebnis des auf seine Zuverlässigkeit untersuchten Tests kann also *falsch* (F) oder *richtig* (R) sein. Demzufolge sind die 4 folgenden Testergebnisse möglich (Tab. 7.2):
– richtig positiv (RP);
– falsch positiv (FP);
– falsch negativ (FN);
– richtig negativ (RN).

Tabelle 7.2 Sensitivität (RP+FN) und Spezifität (FP+RN) sind die Kennwerte dichotomer Tests mit verfügbarem Gold-Standard. Hier gibt es im Vergleich mit einem Gold-Standard 2 Arten von Fehlern: falsch positive und falsch negative

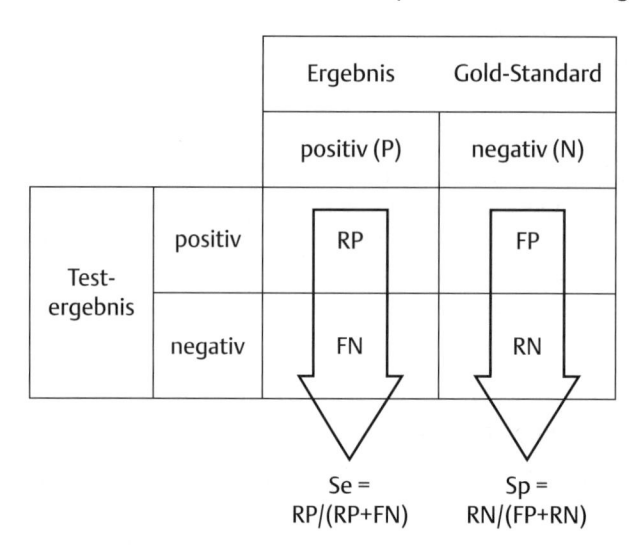

		Ergebnis Gold-Standard	
		positiv (P)	negativ (N)
Testergebnis	positiv	RP	FP
	negativ	FN	RN

$Se = RP/(RP+FN)$

$Sp = RN/(FP+RN)$

Raum für Notizen:

> **Beispiel 1**
>
> Bandscheibendiagnostik
> Kann eine Anulusruptur der unteren LWS durch eine *Bewegungsuntersuchung* diagnostiziert werden (April et al. 1995)? Der diesbezügliche Gold-Standard ist die Diagnostic Disk Injection (DDI), deren annähernd perfekte Zuverlässigkeit bei Operationen nachgewiesen werden konnte. Bei einer DDI wird der Diskus mit Kontrastmittel infiltriert. Anschließend ausgeführte Computertomographien zeigen, wie sich das Kontrastmittel im Gebiet des Nucleus pulposus und in eventuellen Rissen des Anulus fibrosus verteilt. Die Bewegungsuntersuchung besteht aus mehreren Bewegungen mit 2 möglichen Schlussergebnissen. Es handelt sich um einen *dichotomen* Test. Das Testergebnis ist *positiv* (P), wenn das gesuchte Merkmal (Anulusruptur) vorhanden ist. Im anderen Fall ist es *negativ* (N).
> Die Zuverlässigkeit der Bewegungsuntersuchung wird durch den Vergleich mit dem Gold-Standard bestimmt.
> Diskuspathologie als Ursache von Rückenbeschwerden?
> April et al. (1995) untersuchten eine gemischte Gruppe aus gesunden Personen und Patienten, um die Sensitivität und Spezifität der Bewegungsuntersuchung zu beurteilen. Die Bewegungsuntersuchung hatte eine sehr gute Sensitivität von 0,9. An dieser Stelle muss die Qualität der Kennwerte diskutiert werden, d. h. welche Kennwerte sind gut bzw. ab wann sind sie schlecht? Die Spezifität war mit 0,66 weniger gut. Eine Erklärung für die 34 % falsch positiven Ergebnisse ist, dass Diskusdegenerationen häufig auch bei beschwerdefreien Personen vorkommen. Die Bedeutung der Spezifität dieser Untersuchung ist gering, da beschwerdefreie Personen im klinischen Alltag nicht untersucht bzw. nicht unnötig behandelt werden. Die Gesunden dienten zur Feststellung, ob die Therapeuten mit ihrer Beurteilung richtig lagen.

Die DDI-Methode ist im Vergleich zu den Bewegungstests invasiv, teuer und als Routineuntersuchung ungeeignet. Für die Abklärung einer Anulusruptur sind Bewegungstests ebenso gut wie die DDI. Zudem sind sie einfacher anzuwenden und deutlich billiger. Die Autoren kennen in der Physiotherapie kaum diagnostische Bewegungsuntersuchungen mit einer derart guten Qualität.

7.1.2 Prozentuale Übereinstimmung mit dem Gold-Standard – ein ungeeigneter Kennwert

Bei der qualitativen Beurteilung eines Tests wird häufig die prozentuale Übereinstimmung mit dem Gold-Standard angegeben (RP + RN). Obwohl möglicherweise nicht sofort klar wird, weshalb dieser Wert als Kennwert der Qualität ungeeignet ist, muss dies geklärt werden. Bei der prozentualen Übereinstimmung besteht eine Abhängigkeit vom Anteil der positiven und negativen Personen in der untersuchten Gruppe.

Raum für Notizen:

Die folgenden beiden Beispiele illustrieren dies anhand einer fiktiven Untersuchung von jeweils 200 Patienten.

> **Beispiel 1** (Tab. 7.3)
> Es geht wieder um die Diagnose einer Anulusruptur. Die untersuchte Gruppe besteht aus 100 beschwerdefreien und 100 Personen mit lumbalen Schmerzen bei Anulusruptur. Die Sensitivität beträgt 0,9, die Spezifität 0,7. Von den 100 positiven Personen werden 90 als richtig positiv und 10 als falsch negativ beurteilt. Von den 100 negativen Personen werden 70 als richtig negativ und 30 als falsch positiv eingeschätzt.

Tabelle 7.3 Untersuchung von 100 positiven und 100 negativen Personen. Von den 120 positiven Ergebnissen sind 90 richtig positiv (75%), von allen 200 Ergebnissen sind 160 richtig (80%).

Se (krank = krank) = 0,90 Sp (gesund = gesund) = 0,70		DDI positiv	negativ	
Bewegungs-unter-suchung	positiv	90 *richtig positiv* (RP)	30 *falsch positiv* (FP)	120 **positive** Testergebnisse
	negativ	10 *falsch negativ* (FN)	70 *richtig negativ* (RN)	80 **negative** Testergebnisse
		100	100	200

> **Beispiel 2** (Tab. 7.4)
> Die gleichen Bewegungstests werden in einer Gruppe von 200 Personen durchgeführt, die aus 180 beschwerdefreien und 20 Personen mit einer Anulusruptur besteht. Von den 20 Positiven werden 18 als richtig positiv und 2 als falsch negativ beurteilt. Von den 180 Negativen werden 126 als richtig negativ und 54 als falsch positiv eingeschätzt.

Tabelle 7.4 Untersuchung von 20 positiven und 180 negativen Personen. Nur 25% der positiven Ergebnisse sind richtig (18/72)

Se (krank = krank) = 0,90 Sp (gesund = gesund) = 0,70		DDI positiv	negativ	
Bewegungs-unter-suchung	positiv	18 *richtig positiv* (RP)	54 *falsch positiv* (FP)	72 **positive** Testergebnisse
	negativ	2 *falsch negativ* (FN)	126 *richtig negativ* (RN)	128 **negative** Testergebnisse
		100	180	200

In beiden Beispielen sind die Werte der prozentualen Übereinstimmung bei konstanter Testqualität sehr unterschiedlich. Demgegenüber sind Sensitivität und Spezifität konstante Kennwerte. Tabelle 7.5 zeigt deutlich, dass die prozentuale Übereinstimmung als Kennwert für die Testqualität ungeeignet ist.

Raum für Notizen:

Tabelle 7.5 Sensitivität und Spezifität sind konstante Kennwerte eines diagnostischen Tests. Der positive und negative diagnostische Wert, und die prozentuale Übereinstimmung sind abhängig von der Zusammenstellung der untersuchten Gruppe und deshalb als Kennwert der Qualität eines Tests ungeeignet.

	Beispiel 1 (Tab. 7.6) 100 positiv 100 negativ	Beispiel 2 (Tab. 7.6) 20 positiv 180 negativ
Sensitivität	0,9	0,9
Spezifität	0,7	0,7
Positiver diagnostischer Wert (Richtig positiv von allen positiven Ergebnissen [%])	75 (90/120)	25 (18/54)
Negativer diagnostischer Wert (Richtig negativ von allen negativen Ergebnissen [%])	87,5 (70/80)	98,2 (126/128)
Übereinstimmung insgesamt (%)	80 (160/200)	72 (144/200)

Die Resultate der Tabelle 7.5 sind ideal, um zwei wichtige Begriffe zu erklären:
- Positiver diagnostischer Wert
  Wieviele der Personen mit einem positiven Ergebnis sind wirklich krank?
  $DW^+ = RP/(RP+FP)$

  In Beispiel 1: 90/120 = 75% = 0,75
  In Beispiel 2: 18/54 = 25% = 0,25

- Negativer diagnostischer Wert
  Wieviele Personen mit einem negativen Ergebnis sind wirklich gesund?
  $DW^- = RN/(RN+FN)$

  In Beispiel 1: 70/80 = 87,5% = 0,875
  In Beispiel 2: 126/128 = 98,2% = 0,982

Wichtig an diesem Vergleich zweier Beispiele: Auch der positive und negative diagnostische Wert ist, ebenso wie die prozentuale Übereinstimmung, abhängig vom Anteil positiver und negativer Personen in der untersuchten Gruppe.

Raum für Notizen:

Tabelle 7.6   Der positive und negative diagnostische Wert (DW⁺ und DW⁻).

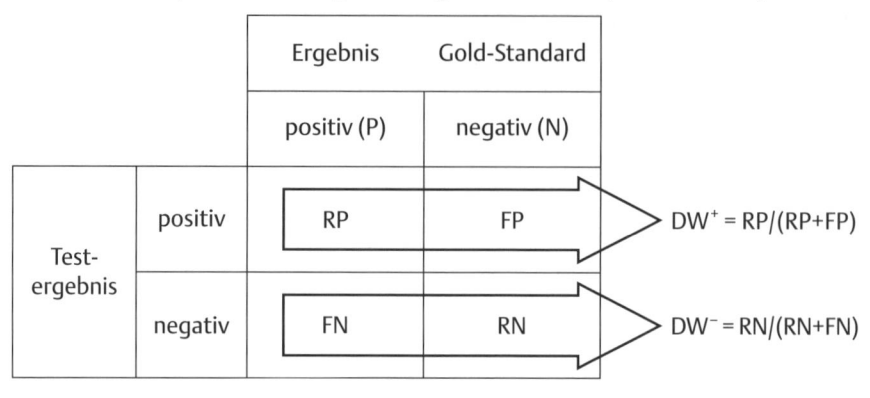

	Ergebnis Gold-Standard		
	positiv (P)	negativ (N)	
Testergebnis positiv	RP	FP	DW⁺ = RP/(RP+FP)
Testergebnis negativ	FN	RN	DW⁻ = RN/(RN+FN)

7.1.3 Tests mit 2 möglichen Ergebnissen ohne verfügbaren Gold-Standard

Kappa-Wert

Ein dichotomer Test hat 2 mögliche Ergebnisse. Bei folgenden diagnostischen Tests in der Physiotherapie handelt es sich um dichotome Tests ohne Gold-Standard:
– Ist dieser Kennmuskel geschwächt?
– Ist dieses Bewegungssegment hypermobil?
– Ist dieser Reflex erhöht?
– Können bei diesem Patienten die Beschwerden durch einen Provokationstest des Iliosakralgelenks reproduziert werden?

Für die Beantwortung der Frage, ob z. B. eine Hypermobilität des Iliosakralgelenks vorliegt, gibt es *keinen* perfekten Test, also keinen Gold-Standard. Demzufolge können Sensitivität und Spezifität nicht bestimmt werden. Hier ist die prozentuale Übereinstimmung ebenfalls kein gutes Maß für die Zuverlässigkeit eines Messverfahrens. Um sich dies klar zu machen, ist es notwendig, die *Bedeutung der Zufallsübereinstimmung* in dieser Situation zu verstehen. Die folgenden Beispiele für Zufallsübereinstimmungen verdeutlichen dies.

> **Beispiel 1**
> Werden 2 Münzen geworfen (Zufall) liegt die Wahrscheinlichkeit, dass beide Münzen mit der gleichen Seite nach oben landen, bei 50 %. Die Berechnung ist einfach: Insgesamt sind 4 Kombinationen möglich: Kopf – Kopf, Kopf – Zahl, Zahl – Kopf und Zahl – Zahl.
> Bei nichtmanipulierten Münzen tritt jede der 4 Möglichkeiten mit gleicher Wahrscheinlichkeit auf. Eine Übereinstimmung der oben liegenden Seiten wird also bei 2 von 4 Ergebnissen (50 %) vorliegen.

Raum für Notizen:

Beispiel 2

Anders sieht es aus, wenn 2 Würfel geworfen werden. Bei jedem Würfel sind 6 Ergebnisse, d. h. insgesamt 36 Kombinationen möglich. 6 Kombinationen sind identische Zahlenpaare (1–1, 2–2, ..., 6–6). Übereinstimmung tritt in 6 von 36 Fällen = 16,66% auf. Die Wahrscheinlichkeit der Zufallsübereinstimmung ist hier also geringer als in Beispiel 1.

Aus den beschriebenen Beispielen lässt sich bezüglich des Kennwerts eines dichotomen Messverfahrens (diagnostischer Test) ohne Gold-Standard Folgendes schlussfolgern: Eine Korrektur für die Zufallsübereinstimmung ist notwendig, da ansonsten die Übereinstimmung überschätzt wird. Diese Korrektur geschieht mittels des *Kappa-Wertes* (Tab. 7.7).

Merke

Der Kappa-Wert (K) korrigiert die Zufallsübereinstimmung:

$$K = \frac{\text{Übereinstimmung (\%)} - \text{zufällige Übereinstimmung (\%)}}{100(\%) - \text{zufällige Übereinstimmung (\%)}}$$

Tabelle 7.7 Kappa-Werte und ihre Beurteilung (Cohen 1960)

K	Beurteilung
≥ 0,80	ausgezeichnet
0,60–0,80	gut
0,40–0,60	mäßig
< 0,40	ungenügend

Ein weiteres fiktives Beispiel veranschaulicht, wie wichtig diese Korrektur ist. Die ausgewählten Zahlen kommen auch in der Realität vor.

Beispiel

Hypermobilitätstest für das Iliosakralgelenk
Es soll die Reliabilität des Mobilitätstests für das Iliosakralgelenk (ISG) bestimmt werden. Hierzu führen 2 Untersucher den Test bei einer Gruppe von jeweils 100 Probanden mit (positiv) und ohne ISG-Hypermobilität (negativ) durch. Die Therapeuten untersuchen also bei denselben Patienten das Merkmal *Hypermobilität* mit den beiden möglichen (dichotomen) Merkmalsausprägungen: das Testergebnis ist entweder positiv (P) oder negativ (N). Bei jedem Patienten gibt es 2 Möglichkeiten der Übereinstimmung zwischen Untersucher 1 und 2: positiv – positiv und negativ – negativ. Das Resultat der Untersuchung ergibt eine prozentuale Übereinstimmung der beiden Untersucher von 74%.
– Untersucher 1 stellt bei 40% der Probanden eine positive Diagnose.
– Untersucher 2 stellt bei 60% eine positive Diagnose.

Raum für Notizen:

(Anmerkungen:
- Ein unterschiedlicher Anteil positiver Resultate kommt in der Praxis bei fehlendem Gold-Standard vielfach vor.
- Selbst bei total unfähigen Untersuchern stimmen die Ergebnisse zufallsbedingt teilweise überein.)

Um wie viel sind die beiden Untersucher besser als der Zufall?

Dazu muss Folgendes geklärt werden:
- Wie groß wäre die Zufallsübereinstimmung?
- Wie groß ist die tatsächliche Übereinstimmung?
- Wie groß ist der Kappa-Wert?

Lösungsweg

Schritt 1

- Es gibt 2 Möglichkeiten der Übereinstimmung zwischen Untersucher 1 und Untersucher 2: positiv – positiv und negativ – negativ.
  Wie groß wäre die Häufigkeit dieser beiden Ergebnisse bei den 100 untersuchten Personen, wenn der Zufall entscheidet?
- Untersucher 1 stellt bei 40 % der Personen eine positive Diagnose. Wenn nur der Zufall entscheidet, wären von den 40 positiven Personen des Untersuchers 1 bei Untersucher 2 60 % (gegeben) ebenfalls positiv: 60 % von 40 = 24.
- Von den 60 negativen Personen des Untersuchers 1 wären bei Untersucher 2 40 % = 24 ebenfalls negativ.
- Bei 24 + 24 = 48 von 100 Patienten kommen beide Untersucher zum gleichen Ergebnis.

Die Zufallsübereinstimmung beträgt 48 %.

Schritt 2

Die Übereinstimmung beträgt 74 % (gegeben).

Schritt 3

$$K = \frac{74 - 48}{100 - 48}$$

$$K = \frac{26}{52}$$

$$K = 0{,}5$$

Ergebnis

Es besteht eine mäßige Zuverlässigkeit der beiden Untersucher (Tab. 7.7).

Raum für Notizen:

7.1.4 Tests mit kontinuierlichen Ergebnissen ohne verfügbaren Gold-Standard – Standardabweichung bei wiederholter Messung

Die Zuverlässigkeit wird bei Tests mit kontinuierlichen Ergebnissen (stetigen Merkmalsausprägungen) ohne und mit Gold-Standard auf ähnliche Weise bestimmt. Um den Unterschied deutlich zu machen, wird in beiden Fällen die *Winkelmessung am Kniegelenk in einer Position von 70° Flexion* angewendet.

Wie bereits festgestellt wurde (Kap. 5), gibt es mehrere Quellen für Messvariationen. Bei passiven Winkelmessungen der Flexion am Kniegelenk sind dies:
– Veränderung der Beweglichkeit im Kniegelenk des Patienten (z. B. durch Schmerzen oder bei Gelenkerguss);
– Unterschiedliche Kraftausübung durch den Untersucher bei passiver Flexion des Gelenks;
– Anlegen des (Hydro-) Goniometers;
– Ablesen des (Hydro-) Goniometers.

Angenommen, die ersten beiden Quellen für Variationen sind uninteressant. Es soll nur festgestellt werden, bei welchem Messinstrument die Variation beim Anlegen und Ablesen am kleinsten ist.

> **Wie zuverlässig sind die Messungen der Flexion im Kniegelenk mit einem Goniometer im Vergleich zur Messung mit einem Hydrogoniometer**
> (Abb. 7.1 a–c)?

Zur Beantwortung der Frage werden die Messergebnisse, die an einem im fixen Winkel von etwa 70° gelagerten Kniegelenk ermittelt wurden, miteinander verglichen. Aus den beiden folgenden Gründen liegt kein Gold-Standard vor:
– Es fehlen die finanziellen Mittel, um Röntgenbilder erstellen zu lassen.
– Für diese Strahlenbelastung lassen sich keine Probanden gewinnen.

Raum für Notizen:

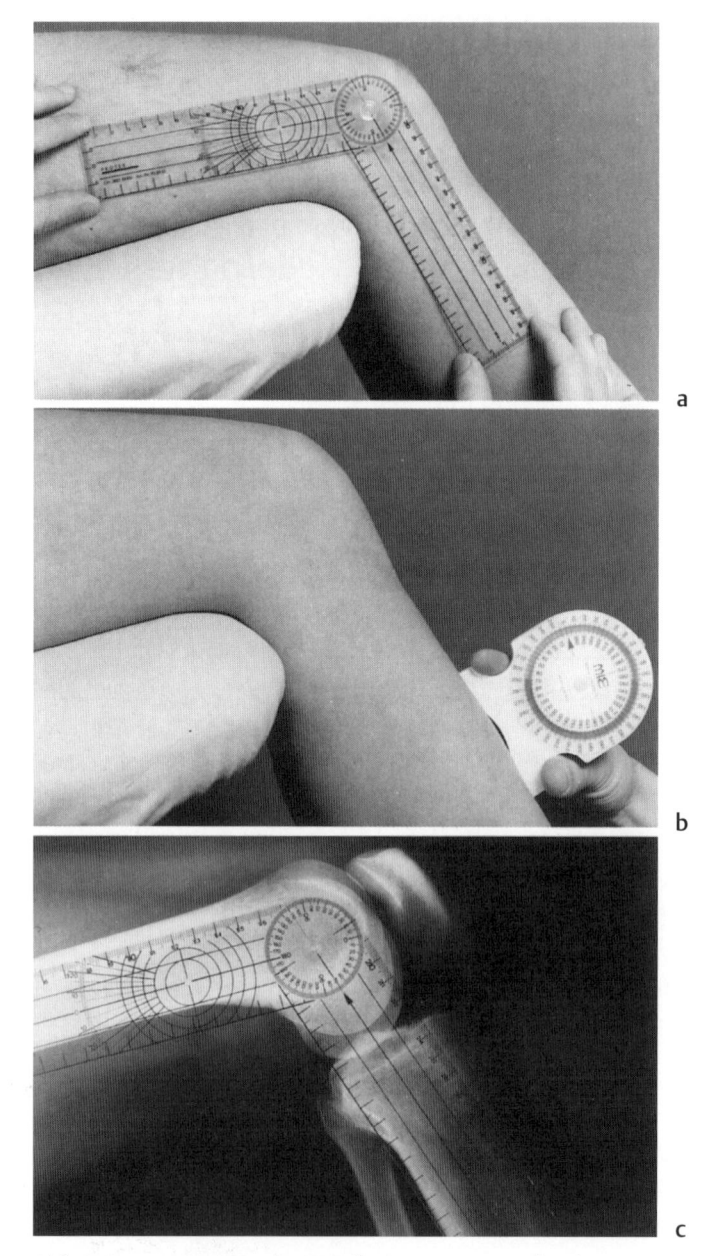

Abb. 7.1 a–c Messen der Knieflexion mit 3 verschiedenen Messinstrumenten.

Wie groß ist die durch das Anlegen und Ablesen des (Hydro-) Goniometers bedingte Variation bei der Messung der Flexion am Kniegelenk?

Raum für Notizen:

Zunächst wird bei unveränderter Stellung des Beines mehrmals der Kniegelenkwinkel gemessen. Die Messungen werden 20-mal wiederholt. Der Untersucher selbst kann das Ergebnis nicht sehen, da die Skala des Goniometers abgedeckt ist. Somit kann er die Übereinstimmung nicht beeinflussen.

Mit dem Goniometer werden folgende Werte gemessen:
70, 68, 75, 71, 72, 71, 64, 66, 73, 68, 69, 72, 73, 69, 71, 72, 69, 68, 69, 70.

Die Messwerte haben eine normale Verteilung (Gauss-Kurve). Der Durchschnitts- oder arithmetische Mittelwert (x) der Messungen liegt bei x = 70. Der Kennwert für die Qualität der Messung ist die Standardabweichung (Standard Deviation, SD). Sie beträgt 2,5°. Bei einer Gauss-Kurve liegen 95,4 % der Messungen im Bereich von 70° ± 2 SD, also zwischen 65° und 75°.

Mit dem Hydrogoniometer beträgt der Durchschnittswert der Messergebnisse 72° mit einer SD von 1,5°. 95 % der Messungen liegen zwischen 69° und 75°.

Ergebnis

Da kein Gold-Standard vorliegt, lässt sich nicht sagen, welche Messung „korrekter" ist. Beim Messen mit dem Hydrogoniometer entstehen jedoch kleinere Variationen. Daher ist er dem herkömmlichen Goniometer vorzuziehen. Der Grund dafür liegt wohl in der Reproduzierbarkeit beim Anlegen des Hydrogoniometers: Der Oberschenkel liegt auf der Bank, das Messgerät auf der Tibiakante.

▬ Welche Rolle spielen Korrelationswerte?

Es ist nicht richtig, Korrelationswerte (Pearson's r oder Spearman's ϱ, s. Glossar) zu bestimmen, um die Zuverlässigkeit einer Messung auszudrücken.

> **Definition Korrelationswert**
>
> Der Korrelationswert sagt aus, inwiefern Messpaare bei grafischer Darstellung auf einer Linie liegen, wie dies bei einer perfekten Korrelation der Fall ist (Korrelationswert $r = 1$).

Der Korrelationswert gibt keine Auskunft über die Größe der Variation und beantwortet auch nicht die Frage, wie beim einzelnen Patienten Unterschiede zu interpretieren sind. Außerdem sind Korrelationswerte von der untersuchten Patientengruppe abhängig, ähnlich wie bei der prozentualen Übereinstimmung (Bland 1986).

Im Alltag stellt sich natürlich auch das Problem der klinischen Interpretation der Unterschiede bei Winkelmessungen. Als allgemeiner Richtwert

Raum für Notizen:

wird angenommen, dass im klinischen Alltag Unterschiede von weniger als 10° nicht als wirkliche Veränderungen gelten sollten.

7.1.5 Tests mit kontinuierlichen Ergebnissen mit verfügbarem Gold-Standard – Systematischer Unterschied mit Gold-Standard und Standardabweichung der Messung

Als Beispiel dient wieder die Messung der Flexion im Kniegelenk. Das Knie ist in etwa 70° Flexion gelagert. In diesem Beispiel verfügen wir über einen Gold-Standard, der Flexionswinkel wird nun zusätzlich mit einer seitlichen Röntgenaufnahme gemessen. Die Standardabweichung bei der Wiederholung dieser Messung beträgt 0,2 Grad. Die Ergebnisse sind in Tabelle 7.8 dargestellt.

Tabelle 7.8 Mittelwert und Standardabweichung (SD)

	Mittelwert	SD
Röntgen seitlich	66	0,2
Goniometer	70	2,5
Hydrogoniometer	72	1,5

Die Mittelwerte der Messungen mit dem Hydro- und Goniometer zeigen einen *systematischen Unterschied* mit dem Gold-Standard von 4 und 6°. Da dieser Fehler bei allen Verlaufsmessungen auftritt und deshalb konstant ist, beeinträchtigt er die Zuverlässigkeit der Verlaufsmessungen nicht (Bland 1986).

Für die Praxis ist die Messung mit der kleinsten Standardabweichung zu empfehlen. Die Messung der maximalen Knieflexion bei ca. 70° kann mit einem im Sitzen am überhängendem Unterschenkel angelegten Hydrogoniometer zuverlässiger durchgeführt werden.

Die Angaben in Tabelle 7.8 sind zwar fiktiv, entsprechen aber dem möglichen klinischen Erscheinungsbild. (Für detaillierte Informationen zur Zuverlässigkeit von Winkelmessungen siehe Gajdosik 1987).

7.2 Validität

Neben der Reliabilität spielt die Validität der Tests eine entscheidende Rolle.

Validität oder „Gültigkeit" kommt in vielen unterschiedlichen Zusammenhängen vor. Es ist wichtig, hier auf die Bedeutung in Zusammenhang mit dem Messen einzugehen.

7.2 Validität

Ist ein Test zuverlässig, so ist das Ergebnis in sich valide. Die Messungen sind bei Wiederholungen reproduzierbar, und falls ein Gold-Standard vorhanden ist, stimmt das Ergebnis der Messung mit diesem überein.

In der Regel wird jedoch über das unmittelbare Ergebnis hinaus interpretiert. Deshalb ist es wichtig, die Bedeutung der Validität in Zusammenhang mit den Interpretationen zu setzen. Bislang wurde davon ausgegangen, dass über die Quantifizierung der Beobachtungen Einigkeit besteht. Im Folgenden wird nun die Validität bestimmter Interpretationen untersucht.

Raum für Notizen:

> **Beispiel 1**
> Ein Patient mit chronischen unspezifischen rezidivierenden Rückenschmerzen hat einen Haltungsfehler.
> *Interpretation:* Die Ursache der Rückenschmerzen ist die Haltungsasymmetrie.

Die Interpretation ist aus folgenden Gründen nicht valide:

- Haltungsfehler kommen bei Personen mit und ohne Rückenbeschwerden annähernd gleich häufig vor (Dieck 1985).
- Das Verschwinden der Rückenbeschwerden durch Behandlung der Haltungsfehler müsste mit einer Haltungsverbesserung verbunden sein. Die vielen Fälle der Beschwerdereduktion ohne Haltungsverbesserung können nicht erklärt werden.
- Eine große Anzahl von Patienten mit Status nach Poliomyelitis, Zerebralparese und Hemiplegie zeigt deutlich stärkere Haltungsfehler als die meisten Patienten mit chronischen unspezifischen rezidivierenden Rückenschmerzen. In dieser Gruppe müssten Rückenschmerzen ein viel größeres Problem darstellen.

> **Beispiel 2**
> Ein Patient hat Beschwerden, die vom Iliosakralgelenk (ISG) verursacht werden könnten. Beim Befund tritt eine Bewegungseinschränkung des Gelenks zutage. Bei der Bewegungsuntersuchung werden die Beschwerden nicht provoziert.
> *Interpretation:* Die Beschwerden werden durch die reduzierte Beweglichkeit des ISG verursacht.

Die Interpretation ist aus den folgenden Gründen nicht valide:

- Die Mobilität des ISG ist nicht zuverlässig testbar (Pescioli u. Kool 1997).
- Es gibt viele symptomfreie Personen mit einer eingeschränkten Mobiliät des ISG.

Raum für Notizen:

Die Reproduktion der Beschwerden mit einer Testbewegung wäre eine zuverlässigere und validere Grundlage für die Behandlung.

> **Beispiel 3**
>
> Eine Patientin verspürt Schmerzen beim Abwärtsgehen. Mit einem ISG-Provokationstest lassen sich die Beschwerden reproduzieren.
> *Interpretation:* Die Beschwerden werden vom ISG verursacht. In der Physiotherapie wird die Patientin mit mobilisierenden Techniken behandelt. Das Therapieziel ist, die Beschwerden im Alltag nicht mehr auszulösen. Während der Behandlung sollen die Beschwerden beim Provokationstest und beim Abwärtsgehen stetig verringert werden.

Die Interpretation ist aus folgenden Gründen relativ valide:

- Es bestehen berechtigte Zweifel, ob der verwendete Provokationstest nur das ISG belastet.
- Die Reproduktion der Beschwerden ist als Entscheidungsgrundlage für die Behandlung sehr valide.
- Eine Verbesserung beim Provokationstest ohne Verbesserung beim Abwärtsgehen wäre eine Schwächung der Validität der Annahme für die Behandlung.
- Positive Behandlungsergebnisse hinsichtlich Alltagsbeschwerden wären eine Unterstützung der Validität der Annahme, ohne allerdings zu beweisen, ob in der Therapie das ISG oder andere Weichteile beeinflusst wurden.

7.3 Zusammenfassung

Bei der Befundaufnahme (Clinical Reasoning) und bei Verlaufskontrollen wird eine Vielzahl klinischer Tests benutzt, deren Qualität abhängig ist von ihrer Zuverlässigkeit und Validität.

Viele Tests sind dichotom, d.h. sie haben 2 mögliche Ergebnisse: positiv oder negativ. Steht zum Vergleich ein perfekter Test (Gold-Standard) zur Verfügung, wird die Zuverlässigkeit in Sensitivität und Spezifität ausgedrückt. Ist kein Gold-Standard verfügbar, wird bei dichotom gemessenen Kriterien der Kappa-Wert bestimmt, der für die Zufallsübereinstimmung korrigiert.

Bei kontinuierlich gemessenen Kriterien ohne Gold-Standard wird die Standardabweichung der wiederholten Messung angegeben. Bei kontinuierlich gemessenen Kriterien mit Gold-Standard wird außerdem der systematische Fehler im Vergleich zum Gold-Standard angegeben.

Ungeeignete Kennwerte für die Qualität sind die prozentuale Übereinstimmung (dichotome Tests) und die Korrelationen (kontinuierliche Tests). Diese Kennwerte sind von der Patientengruppe abhängig, deshalb inkonstant und somit ungeeignet.

■ Literatur

April C, Medcalf R, Donelson R, Grant W, Cincorraia K. Discographic pathology predicted by directional preference and the centralisation phenomenon: a prospective blinded study. Fourth McKenzie International Conference, Cambridge (England), 16–17 Sept. 1995.

Bland JM, Altmann DG. (1986) Statistical methods for assessing agreement between two methods of clinical measurement. Lancet, 307–310.

Cohen J. Coefficient of observer agreement for nominal scales. Educ. Psychol. Meas, 1960: 2037–2046.

Dieck GS, Kelsey JL, Goel VK, Panjabi MM, Walter SD, Laprade MH. An epidemiologic study of the relationship between postural asymmetry in the teen years and subsequent back and neck pain. Spine 10(10)1985: 872–876.

Gajdosik RL, Bohannon RW. Clinical measurement of range of motion, Review of goniometry emphasizing reliability and validity. Phys. Ther. 67(12):1867–1872.

Kool J, Pescioli A. Clinical reasoning: die Qualität diagnostischer Tests. Manuelle Therapie 1 1997:11–16.

Raum für Notizen:

8 Literaturstudium – Statistische Hürden nehmen

Jan Kool/Rob de Bie

Raum für Notizen:

8.1 Ein bisschen Statistik tut nicht (allzu) weh

In der Fachliteratur kommen immer wieder statistische Begriffe und Ergebnisse, die sich aus Stastiken ergben, vor. Dies heißt aber weder, dass jeder Forscher ein Statistiker werden muss, noch dass jeder Leser wissenschaftlicher Artikel außerordentliche statistische Fähigkeiten haben sollte. Aber ein gewisser Einblick in das Warum und Wie der Statistik kann doch nützlich sein. Denn wenn man eine Hypothese prüft oder eine Behandlungsform mit einer andern vergleicht, ist es sicher von Interesse, festzustellen, ob man seine Hypothese bzw. seine Ausgangsannahmen zweifelsfrei beweisen kann.

Man sollte sich im Klaren sein, dass es bei invaliden Forschungskonzepten oder invaliden Forschungsmethoden keinen Sinn hat, das brüchige Gedankengebäude mit Statistik zu kitten. Inhärente methodologische Fehler lassen sich nicht reparieren. Statistik kann Erkenntnisse über Wahrscheinlichkeiten und Aspekte der untersuchten Grundgesamtheiten (Populationen) vermitteln und helfen, Forschungsdaten zu interpretieren, sie ist aber kein Allheilmittel für schlechte Forschung.

8.1.1 Arten der Statistik

Die Beschreibung der Daten in der Statistik erfolgt vorwiegend mittels Tabellen, Grafiken und charakteristischen Maßzahlen (Kennwerte). Tabellen und Grafiken dienen der Visualisierung der Ergebnisse. Bei den Kennwerten von Häufigkeitsverteilungen werden *zentrale Tendenz, Streuung* und *Form* unterschieden, die jeweils vom Skalenniveau abhängen. Prinzipiell lassen sich *2 Arten der Statistik* unterscheiden:

- *Deskriptive Statistik:* Die empirisch gewonnenen Daten werden systematisch geordnet und beschrieben (z. B. Häufigkeitstabellen, Graphik, Mittelwert, Varianz), Kennziffern berechnet und Korrelationen erstellt, ohne Erklärung möglicher Ursachen.
- *Inferenzstatistik* (schließende Statistik): Über die reine Beschreibungen hinaus werden Schlussfolgerungen gezogen bzw. repräsentative Aussagen vorgenommen. Das bedeutet, Ergebnisse, die sich zunächst auf kleine Gruppen beziehen (Stichproben) sollen verallgemeinert und ihre Gültigkeit für Grundgesamtheiten (Populationen) überprüft werden.

8.2 Was versteht man unter Population und Stichproben

Raum für Notizen:

Unter Population versteht man in der Wissenschaft oft eine wohldefinierte Gruppe von Individuen mit bestimmten Merkmalen. Bei Forschungsprojekten auf dem Gebiet des Gesundheitswesens sind Populationen oft Gruppen von (Möchte-gern)-Patienten.

> **Merke**
> **Definition Population:** Grundgesamtheit der potentiell untersuchbaren Einheiten.

Natürlich ist es unmöglich, alle Patienten oder Personen in eine Untersuchung einzubeziehen. Daher stützt man sich oft auf Stichproben der gesamten Population, die Schätzergebnisse liefern. Entscheidend für die Genauigkeit der Schätz- bzw. Untersuchungsergebnisse ist die Auswahl der Stichprobe. Nur *Zufallsstichproben* gestatten die uneingeschränkte Anwendung statistischer Verfahren. In diesem Fall sind alle Individuen der Auswahl voneinander unabhängig und haben die gleiche Chance, in die Stichprobe aufgenommen zu werden. Häufig allerdings wird das Zufallsprinzip verletzt.

> **Merke**
> **Definition Stichprobe:** (Repräsentative) Teilgruppe der gesamten Population.

Zufallsprinzip

> **Beispiel 1:**
> Zufällige Auswahl aus dem Gesamtverzeichnis der Einwohner einer Stadt.

> **Beispiel 2:**
> - Bei einer korrekten Zufallsstichprobe der Grundgesamtheit der Frankfurter Sportstudenten wird per Losverfahren aus allen 2000 Studenten ausgewählt.
> - Die Auswahl erfolgt nach der reduzierten Form der *Ad-hoc-Stichprobe*, d. h. alle Sportstudenten, die gerade in der Cafeteria sind, werden ausgewählt.

Raum für Notizen:

Verletzung des Zufallsprinzips

Beispiel 1:
Die Auswahl erfasst jede 5. Telefonnummer einer Stadt. In diesem Fall wird die Chancengleichheit verletzt, weil Personen ohne Telefon nicht in die Stichprobe aufgenommen werden können.

Beispiel 2:
Es werden verschiedene Haushalte aufgesucht und alle zufällig Anwesenden ausgewählt. Hier ist die Unabhängigkeit nicht gewährt, da bereits durch die Auswahl des Haushalts alle Anwesenden in die Stichprobe aufgenommen werden.

8.2.1 Erhebungstechniken für Stichproben

▪ Einfache Stichprobe

Sie erfolgt nach dem Zufallsprinzip (z. B. durch Los) und wählt einen Anteil aus der Grundgesamtheit.

▪ Geschichtete (stratifizierte) Stichprobe

Die Gesamtpopulation wird zunächst nach bestimmten Kriterien (z. B. Geschlecht, Alter, Stadt, Land) in Subpopulationen eingeteilt. Anschließend wird eine Auswahl aus der Subpopulation proportional zu ihrem Umfang entsprechend der einfachen Stichprobenerhebung getroffen.

▪ Stichprobencluster (Klumpenstichprobe)

Dabei werden ganze Kollektive ausgewählt, z. B. eine Schulklasse aus allen Klassen einer Schule. Diese Art der Stichprobenerhebung kommt zwar häufig zur Anwendung, beinhaltet aber erhebliche Fehlerquellen.

▪ Mehrstufiges Stichprobenverfahren

Dieses Verfahren wird gewählt, wenn das Ziel die absolute Repräsentativität ist.

> **Beispiel**
> Eichung eines Tests für eine bestimmte Altersgruppe in Deutschland Die Vorgehensweise erfolgt in 4 Schritten:
> - Über das gesamte Bundesgebiet verstreute Städte werden ausgesucht.
> - In den Städten werden bestimmte Schulen selektiert.
> - An den Schulen werden per Zufall Klassen der entsprechenden Altersstufe bestimmt.
> - Aus den Klassen wird per Zufall ein bestimmter Anteil an Schülern gewählt.

Raum für Notizen:

8.3 Wahrscheinlichkeitsrechnung

Es gibt in der Statistik einen Zweig, der sich mit Wahrscheinlichkeit befasst, also mit der Chance, dass dies oder jenes passieren könnte. Heute ist die Wahrscheinlichkeitstheorie ein hochintellektuelles wissenschaftliches Unterfangen geworden, aber ihre Anfänge waren ziemlich bodenständig. Zum großen Teil wurde sie von notorischen Spielern 'erfunden', die etwas zuverlässiger im Kartenspiel gewinnen wollten. Der erste 'Mathematiker', der eine theoretische Wahrscheinlichkeit richtig berechnete, war Girolamo Cardano, bekannter als der Arzt, Mathematiker und Spieler Jérome Cardan (1501 – 1567). Um die Mitte des 17. Jahrhunderts ging es dann richtig los mit dem Berechnen von Wahrscheinlichkeiten, als der notorische Spieler Chevalier de Méré die Mathematiker Pascal und Fermat bat, das 'Problem der Punkte' zu lösen (das Problem einer gerechten Verteilung der Einsätze in einem Spiel, das vor seinem Ende abgebrochen wird). Heute ist die Wahrscheinlichkeitstheorie ein anerkanntes Forschungsgebiet, aber ihre weniger seriösen Ursprünge schimmern gelegentlich noch durch in den vielen Beispielen für Wahrscheinlichkeiten, bei denen Münzen geworfen oder Karten aus einem gemischten Stapel gezogen werden.

> **Merke**
> **Definition statistische Wahrscheinlichkeit**: Die Wahrscheinlichkeit eines zufälligen Ereignisses beschreibt den festen Wert (Grenzwert), dem die relative Häufigkeit für das Auftreten des Ereignisses bei wachsender Anzahl der Versuche zustrebt. Die Wahrscheinlichkeit ergibt sich aus dem Quotienten der Anzahl der günstigen Ereignisse und der Anzahl der möglichen Ereignisse.

Da immer Abweichungen vom erwarteten Wert auftreten, stellt sich die Frage, ob diese rein zufällig sind oder ob sie systematische Ursachen haben.

Raum für Notizen:

> **Beispiel:**
> Ein Mann behauptet, übersinnliche Fähigkeiten zu haben. Zur Überprüfung dient folgendes Experiment: Hinter einem Vorhang wird 10-mal eine Münze geworfen, und der Mann muss vorhersagen, ob sie Kopf oder Zahl zeigt.

Frage: Ab wie vielen richtigen Vorhersagen übertrifft er die zufällige Wahrscheinlichkeit?

Die Wahrscheinlichkeitswerte sind in Tabelle 8.1 aufgelistet.

Tabelle 8.1 Wahrscheinlichkeit der richtigen Vorhersagen

Richtige Vorhersagen	Wahrscheinlichkeit	in %
mind. 6	0,376953125	37,695
mind. 7	0,171875	17,188
mind. 8	0,0546875	5,649
mind. 9	0,0107421875	1,074
mind. 10	0,0009765625	0,098

Die Suche des Wahrscheinlichkeitswertes, ab dem anzunehmen ist, dass es sich nicht mehr um einen Zufall, sondern eine systematische Ursache handelt, ist eine wissenschaftliche Vorgehensweise.

> **Beispiel**
> Welche von 2 Krafttrainingsmethoden ist effektiver?
> Die Gruppe, die nach der einen Methode trainiert hat, erreicht einen höheren Kraftzuwachs als die andere Gruppe.

Frage: Wie hoch ist die Wahrscheinlichkeit, dass der Unterschied nicht zufällig zustande gekommen ist, sondern die Ursache tatsächlich darin begründet liegt, dass die 2. Methode einfach effektiver ist?

In der Wissenschaft wird als kritischer Wert meist 5 % ($p < 0{,}05$) angenommen. Das bedeutet, die Wahrscheinlichkeit, dass die Unterschiede rein zufällig sind und nicht an der Methode liegen, muss kleiner als 5 % sein. Ist dies der Fall, wird von einem *statistisch signifikanten Unterschied* gesprochen.

Raum für Notizen:

Vorgehensweise bei der Untersuchung

1. Zunächst wird eine *Arbeits- oder Alternativhypothese* (H$_1$) formuliert, die immer davon ausgeht, dass es Unterschiede oder Zusammenhänge gibt: *Methode A ist effektiver als Methode B* (d.h. sie unterscheiden sich *signifikant* voneinander).
2. Parallel wird – zumindest in Gedanken – die entgegengesetzte *Nullhypothese* (H$_0$) aufgestellt: *Methode A ist nicht effektiver als Methode B* oder höchstens zufällig etwas effektiver (d.h. sie unterscheiden sich *nichtsignifikant* voneinander).
3. Ist die *Wahrscheinlichkeit* für rein zufällige Unterschiede kleiner als 5 %, darf die H$_0$ verworfen und die H$_1$ als gültig erklärt werden.
4. Das *Signifikanzniveau*, z. B. 5 %, ist aber eine willkürlich festgelegte Schranke; dabei wird ein Risiko von 5 % eingegangen, dass die Nullhypothese doch zutreffender war. In Fällen, in denen es besonders gefährlich wäre, einen derartigen Fehler zu machen (z. B. Nebenwirkungen von Medikamenten), wird daher eine strengere Schranke festgesetzt. Damit wird erst dann der Zufall ausgeschlossen, wenn die Wahrscheinlichkeit für die Nullhypothese < 1 % beträgt (1 %-Niveau oder $p < 0.01$). In den meisten Untersuchungen wird 5 % als ausreichend angesehen.
– *Signifikante Ergebnisse:* Die Irrtumswahrscheinlichkeit liegt bei maximal 5 %.
– *Sehr signifikante Ergebnisse:* Die Irrtumswahrscheinlichkeit beträgt maximal 1 %.

Bei ansonsten konstanten Bedingungen verringert sich die Irrtumswahrscheinlichkeit bei kleiner werdender Populationsstreuung und Vergrößerung des Stichprobenumfangs.

8.3.1 α-Fehler und β-Fehler

α-Fehler

Es könnte vorkommen, dass eine zutreffende Nullhypothese (H$_0$) verworfen wird. Auch dies lässt sich als Wahrscheinlichkeit ausdrücken. Dazu fragt man sich, wie hoch die Chance ist, dass man eine korrekte Nullhypothese (H$_0$) verwirft.

> **Merke**
>
> **Definition α-Fehler:** Das Verwerfen einer eigentlich korrekten Nullhypothese (H$_0$ = „reiner Zufall").

Das Risiko, einen α-Fehler zu begehen, lässt sich verringern, indem ein noch strengeres Niveau (z. B. 1 %-Niveau = $p < 0,01$) als kritische Grenze festgelegt

Raum für Notizen:

wird. Der Grund, weshalb nicht immer von vornherein der strengere Wert angenommen und damit die Fehlermöglichkeit zu minimieren, liegt in der Tatsache, dass eine Verringerung des α-Fehlers gleichzeitig das Risiko eines β-Fehlers bedeutet.

∎ β-Fehler

Ebenso wie eine korrekte Nullhypothese könnte auch eine korrekte Alternativhypothese (H_1) verworfen werden.

> **Merke**
>
> **Definition β-Fehler:** Das Verwerfen einer korrekten Arbeitshypothese (H_1 = „Es gibt keine Unterschiede").

Das bedeutet, dass durch ein Herabsetzen der Signifikanzgrenze zur Vermeidung eines α-Fehlers das Risiko steigt, eine korrekte Arbeitshypothese abzulehnen, weil man zu kritisch ist und erst ab einer Wahrscheinlichkeit von weniger als 1 % an keinen Zufall mehr glaubt. Damit wird klar, dass sich α-Fehler und β-Fehler gegenläufig verhalten, weshalb jeweils inhaltlich entschieden werden muss, welcher Fehler minimiert werden soll.

8.3.2 Kumulierung der α-Fehler oder das Problem mehrerer statistischer Tests mit ein und derselben Stichprobe

Soll eine relativ global formulierte Hypothese geprüft werden, kann dies dazu führen, dass mehrere gleichartige statistische Tests mit ein und derselben Stichprobe berechnet werden. Damit ergibt sich jedoch ein Problem, das sich aus der Definition der Wahrscheinlichkeitsrechnung ergibt. Angenommen, bei einer Gruppe wird die Kraft der Oberschenkelstrecker auf beiden Seiten in 4 unterschiedlichen Winkelstellungen gemessen. Dabei soll sowohl jeweils der Unterschied auf *einer* Seite zwischen den verschiedenen Winkeln als auch der Unterschied zwischen rechts und links bei den jeweiligen Winkeln festgestellt werden. Mit einer Varianzanalyse ließen sich grundsätzlich *alle* Unterschiede in einem Arbeitsgang berechnen. Es gibt jedoch verschiedene Gründe, warum die Varianzanalyse nicht einsetzt wird, z. B. wenn die zuvor angesprochenen Anwendungsvoraussetzungen für diese Analyse nicht gegeben sind.

In diesem Fall bestünde die Möglichkeit, auf den t-Test auszuweichen. Dabei wird jeweils mit *einem* t-Test zwischen rechts 30° und links 30°, mit einem *zweiten* zwischen rechts 45° und links 45° sowie mit einem *dritten* zwischen rechts 60° und links 60° verglichen. Auf diese Weise werden insgesamt 9 t-Tests durchgeführt, die alle mit derselben Stichprobe gerechnet werden. Der Nachteil besteht darin, dass bei der Durchführung vieler Tests möglicherweise einige „rein zufällig" signifikant werden. So ist beispielsweise bei 100 (voneinander unabhängigen) t-Tests auf dem 5%-Niveau zu erwarten, dass ca. 5 einfach nur per Zufall zu „signifikanten" Ergebnissen führen (α-Fehler-Kumulierung). Das ergibt sich schlicht aus der Definition der Irrtumswahrscheinlichkeit (Alternativhypothese wird bei p = 0,05 mit einer Wahrscheinlichkeit von 5% fälschlicherweise angenommen). Daher ist bei 100 Signifikanztests mit p = 0,05 also damit zu rechnen, dass ca. 5 Tests die H_0 *fälschlicherweise* ablehnen. Aus diesem Grund muss in einem derartigen Fall die Irrtumswahrscheinlichkeit (p-Wert), mit der wir normalerweise eine H_0 verwerfen, korrigiert werden.

Raum für Notizen:

Nach Bonferoni wird also p = 0,05 (mit dem eigentlich geprüft wird) durch die Anzahl der Tests geteilt wird:

$P^> = kP$ ($P^>$ = definierter P-Wert, k = Anzahl Tests, P = gewünschter P-Wert)

Das bedeutet, durch den kleineren Wert wird es viel schwieriger, ein signifikantes Ergebnis zu erhalten. Dies ist jedoch erforderlich, um die α-Fehler-Kumulierung auszugleichen, die als Folge der vielen Tests auftritt. Diese *α-Fehler-Korrektur* fällt leider sehr häufig unter den Tisch, entweder weil die Kenntnisse darüber fehlen oder absichtlich, weil die Korrektur die unangenehme Nebenwirkung hat, dass signifikante Ergebnisse schwieriger zu erzielen sind.

> **Merke**
> Wird in einer Studie keine α-Fehler-Korrektur vorgenommen, sind die Ergebnisse mit Vorsicht zu genießen.

8.3.3 Besteht ein Zusammenhang zwischen der Signifikanz und der Größe eines Unterschieds?

Die Signifikanz hat nichts mit der *Größe* eines gefundenen Unterschieds zu tun. Jeweils abhängig von der Zusammensetzung der Stichprobe kann ein (absolut gesehen) kleiner Zahlenunterschied sehr signifikant und ein (absolut gesehen) größerer Zahlenunterschied dagegen nichtsignifikant sein.

> **Beispiel:**
> Es wird die Auswirkung einer Trainingsmethode getestet und dazu an 5 Probanden vor und nach der Trainingsphase irgendein Merkmal gemessen (fiktive Zahlen).

In den Tabellen 8.2–8.4 sind die jeweiligen Messergebnisse der 3 Tests dargestellt.

Tabelle 8.2   Messergebnisse Test 1 (Pb: Proband, MW: Mittelwert, SD: Standardabweichung)

	Pb 1	Pb 2	Pb 3	Pb 4	Pb 5	MW	SD
Vortest	2	3	5	3	1	2,8	1,48
Nachtest	2,1	3,15	5,25	3,15	1,05	2,94	1,56

Unterschied zwischen Vor- und Nachtest = 0,24 (SD 0,07) p-Wert = 0,013

Tabelle 8.3   Messergebnisse Test 2

	Pb 1	Pb 2	Pb 3	Pb 4	Pb 5	MW	SD
Vortest	2	3	5	3	1	2,8	1,48
Nachtest	2	3	10	3	1	3,8	3,56

Unterschied zwischen Vor- und Nachtest = 1 (SD 2,4) p-Wert = 0,374

Tabelle 8.4   Messergebnisse Test 3

	Pb 1	Pb 2	Pb 3	Pb 4	Pb 5	MW	SD
Vortest	2	3	5	3	1	2,8	1,48
Nachtest	3,5	4	0,7	4,5	2	2,94	1,56

Unterschied zwischen Vor- und Nachtest = 0,29 (SD 2,4) p-Wert = 0,906

Ergebnisse

Test 1

Die Mittelwerte unterscheiden sich im Vor- und Nachtest nur sehr gering, relativ gesehen gerade mal um 5 %. Trotzdem ergibt der t-Test sehr signifikante Unterschiede (p = 0,013).

Begründung: Bei *allen* Probanden hat eine Verbesserung in etwa gleicher Höhe stattgefunden. Der Test beweist aus statistischer Sicht, dass dies kaum ein Zufall sein kann. Übrigens, damit lässt sich noch nicht sagen, ob der Unterschied auch klinisch relevant ist.

Test 2

Der Unterschied zwischen den Mittelwerten ist viel größer als bei Test 1. Trotzdem ergibt der t-Test hier ein nichtsignifikantes Ergebnis (p = 0,374).

Begründung: Die meisten Probanden unterscheiden sich im Vor- und Nachtest nicht wirklich. Es ist nur ein Ausreißer (Pb 3) dabei, der für den größeren Unterschied im Mittelwert sorgt.

Raum für Notizen:

Test 3

Hier treten zwar dieselben Mittelwerte und Standardabweichungen wie in Test 1 auf, trotzdem ist das Ergebnis nichtsignifikant (p = 0,906).

Begründung: Fast alle Probanden verbessern sich, nur Pb 3 wird viel schlechter. Ohne diesen Ausreißer wäre das Ergebnis hoch signifikant.

Damit wird zum einen klar, dass Signifikanz nichts mit der Höhe des Unterschiedes zu tun hat. Daher muss auch bei einem signifikanten Unterschied inhaltlich geprüft werden, ob dieser Unterschied überhaupt praktische Relevanz besitzt.

Zum anderen tritt das Problem kleiner Stichproben zutage: Je kleiner die Stichprobe ist, desto eher können wenige Ausreißer das Bild völlig verzerren.

Im oben gezeigten Beispiel müsste demnach die Arbeitshypothese, wonach die Trainingsmethode wirklich effektiv ist, verworfen werden, weil nur *ein* Proband ein derart abweichendes Messergebnis aufwies. Hätten bedeutend mehr Probanden an den Tests teilgenommen, wäre die Untersuchung wahrscheinlich mit hoch signifikanten Ergebnissen zu dem Ergebnis gekommen, dass die Trainingsmethode sehr effektiv ist.

8.3.4 Zwei- und einseitige Fragestellung

Hypothesen können ein- oder zweiseitig sein. Im allgemeinen neigt man dazu, Hypothesen zweiseitig zu testen: man hat keinen Anhaltspunkt, um zu vermuten, ob eine Verbesserung oder eine Verschlechterung eintreten wird.

> **Merke**
> **Definition zweiseitige Fragestellung:** Eine Arbeitshypothese mit dem Grundtenor *„Es besteht ein Unterschied zwischen A und B"* wird als zweiseitige Hypothese bezeichnet, weil die Richtung des Unterschieds nicht angegeben ist. Das bedeutet, es bleibt offen, worin der Unterschied besteht (z. B. A ist besser als B oder umgekehrt).

> **Merke**
> **Definition einseitige Fragestellung:** In der Hypothese wird zusätzlich die Richtung postuliert (z. B. A ist besser als B oder umgekehrt).

Lässt sich im Voraus nicht klar entscheiden, ob eine ein- oder zweiseitige Hypothese aufzustellen ist, *muss* auf jeden Fall zweiseitig getestet werden, da ein einseitiger Test eher signifikant wird als ein zweiseitiger.

Raum für Notizen:

Eine genauere (einseitige) Hypothese wird durch geringere Differenzen bestätigt als eine weniger genaue (zweiseitige). Gestatten inhaltliche Überlegungen eine präzisere Hypothesenformulierung, lohnen sich diese Vorkenntnisse im Nachhinein, weil bereits geringere Differenzen (die allerdings der Richtung nach hypothesenkonform sein müssen) statistisch signifikant werden.

8.4 Statistische Prüfverfahren für 2 Stichproben

In der Literatur findet man viele verschiedene Tests zur Identifizierung und Quantifizierung von Unterschieden zwischen Gruppen. Zur Auswahl eines geeigneten Tests sind zwei Aspekte zu beachten:
- Sind die Messskalen nominal, ordinal oder vom Intervalltyp?
- Stehen die Gruppen untereinander in Beziehung oder nicht? Wenn man beispielsweise zwei verschiedene Gruppen testet (und vergleicht), verwendet man Tests für unabhängige Stichproben. Testet man dieselbe Gruppe zweimal, verwendet man Tests für abhängige Stichproben.

Die Tabelle 8.5 gibt eine Übersicht über die verschiedenen Prüfverfahren bei unabhängigen und abhängigen Stichproben.

Tabelle 8.5   Prüfverfahren bei unabhängigen und abhängigen Stichproben

	Nominalskala	Ordinalskala	Intervallskala
unabhängige Stichproben	CHI^2-Test	U-Test	t-Test
abhängige Stichproben	– McNemar-Test – Vorzeichentest	Wilcoxon-Test	t-Test

8.4.1 Tests für Intervallskalen

Von den in der Literatur beschriebenen Tests wird am häufigsten der t-Test verwendet.

Frage: Unterscheiden sich die Mittelwerte zweier Zufallsstichproben voneinander?

t-Test für unabhängige Stichproben

Raum für Notizen:

Voraussetzungen

- Intervallskalenniveau;
- Homogene Varianzen (bei gleich großen Stichproben weniger wichtig als bei ungleich großen);
- Normalverteilung: bei kleineren Stichproben (n < 30) müssen die Messwerte in der Population, aus denen die Stichproben stammen, normal verteilt sein;
- Testen, ob Schiefe und Exzess signifikant von den Werten für die NV (je 0) abweichen;
- Reagiert relativ robust.

Sind die Umfänge der Stichproben stark unterschiedlich, dann wird die Präzision nicht beeinträchtigt, solange die Varianzen gleich sind.

Ist die Varianz in der größeren Stichprobe größer als in der kleineren → eher konservativ, d.h. zugunsten H_0 („reiner Zufall").

Ist die Varianz in der kleineren Stichprobe größer als in der größeren → eher progressiv, d.h. zugunsten H_1 („Es gibt keine Unterschiede").

Signifikanzprüfung

Der errechnete t-Wert wird mit dem tabellierten theoretischen t-Wert unter Berücksichtigung des Signifikanzniveaus (ein- oder zweiseitige Fragestellung) und der entsprechenden Freiheitsgrade verglichen.

Formel für Freiheitsgrade: $df = (N_1-1) + (N_2-1) = N_1 + N_2 - 2$

Ergebnisse

empirischer t-Wert $\leq$ theoretischer t-Wert → H_0 trifft zu;
empirischer t-Wert $>$ theoretischer t-Wert → H_1 trifft zu.

t-Test für abhängige Stichproben

Voraussetzungen

- Intervallskalenniveau;
- Normalverteilung: bei kleineren Stichproben (n < 30) müssen die Messwerte in der Population, aus denen die Stichproben stammen, normal verteilt sein;
- Reagiert relativ robust.

Raum für Notizen:

Die beiden Voraussetzungen Varianzhomogenität und Normalverteilung spielen keine wesentliche Rolle. Sind die Abweichungen nicht allzu extrem, kann der t-Test für Messwertpaare dennoch angewendet werden.

Es sollte geprüft werden, ob hohe Messungen bei der ersten Stichprobe mit hohen Messungen in der zweiten einhergehen. Bei negativer Korrelation kann der Test an Teststärke verlieren.

Signifikanzprüfung

Der errechnete t-Wert wird mit dem tabellierten theoretischen t-Wert unter Berücksichtigung des Signifikanzniveaus (ein- oder zweiseitige Fragestellung) und der entsprechenden Freiheitsgrade verglichen.

Formel für Freiheitsgrade: $df = N-1$

Ergebnisse

empirischer t-Wert $\leq$ theoretischer t-Wert $\rightarrow H_0$ trifft zu;
empirischer t-Wert $>$ theoretischer t-Wert $\rightarrow H_1$ trifft zu.

8.4.2 Tests für ordinale Skalen (U-Test nach Mann-Whitney)

Frage: Unterscheiden sich zwei Gruppen hinsichtlich eines Merkmals voneinander?

Es gibt U-Tests für kleine ($N < 9$), mittlere (N zwischen 9 und 20) und große ($N > 20$) Populationen.

Voraussetzungen

- Mindestens Ordinalskalenniveau;
- Voraussetzungen für parametrische Tests wurden verletzt;
- Unabhängigkeit der Stichproben;
- Weist 95 % der Effizienz des t-Tests auf, d. h. während beim t-Test nur 95 Personen benötigt werden, um einen bestimmten Unterschied aufzudecken, sind hier durchschnittlich 100 Personen erforderlich.

Signifikanzprüfung

Es wird der kleinere der beiden U-Werte verwendet. In der Wahrscheinlichkeitstabelle findet sich für festgelegte Stichprobengrößen die exakte Irrtumswahrscheinlichkeit (p).

Ergebnisse

empirischer U-Wert $\geq$ theoretischer U-Wert $\rightarrow$ H_0 trifft zu;
empirischer U-Wert $<$ theoretischer U-Wert $\rightarrow$ H_1 trifft zu.

Raum für Notizen:

> **Merke**
> Die Ergebnisse sind im Vergleich zu den vorherigen Tests genau umgekehrt.

Wilcoxon-Test

Voraussetzungen

- Mindestens Ordinalskalenniveau;
- Abhängigkeit der Stichproben.

Signifikanzprüfung

Kleine Stichproben (N $<$ 25): Der kleinere t-Wert wird direkt mit dem Tabellenwert verglichen

Ergebnisse

T $\geq$ Tabellenwert $\rightarrow$ H_0 trifft zu;
T $<$ Tabellenwert $\rightarrow$ H_1 trifft zu.

Große Stichproben: Prüfung über die z-Verteilung.

8.4.3 Tests für nominale Skalen

CHI^2-Test

Frage: Inwieweit besteht eine Abweichung von nominalskalierten Beobachtungsdaten aus einer oder mehreren unabhängigen Stichproben von den Erwartungswerten?

Hierbei handelt es sich um einen nichtparametrischen Test. Das bedeutet er ist weniger effizient als ein parametrischer, sodass sich in mehr Fällen bestehende Unterschiede aufdecken lassen und die Nullhypothese fälschlicherweise beibehalten wird.

> **Merke**
> Der CHI²-Test sollte nur angewendet werden, wenn die Voraussetzungen für andere Verfahren (t-Test, U-Test) nicht gegeben sind.

Voraussetzungen

- Unabhängigkeit der Stichproben.
- Die Erwartungswerte müssen für alle Kategorien in allen Stichproben größer als 0 sein.
- Die Erwartungswerte (treten im Falle zufälliger Verteilung der Daten auf die einzelnen Kategorien auf) dürfen in maximal 20 % der Zellen kleiner als 5 sein.

Signifikanzprüfung

Der errechnete CHI²-Wert wird mit dem unter Berücksichtigung der Freiheitsgrade (df) ermittelten Tabellenwert verglichen.
   Formel für Freiheitsgrade
- mehrere Stichproben: df = (Spalten-1) × (Zeilen-1)
- eine Stichprobe: df = Anzahl der Kategorien-1.

Ergebnisse

CHI² ≤ Tabellenwert → H_0 trifft zu;
CHI² > Tabellenwert → H_1 trifft zu.

Vorzeichentest

Voraussetzungen

- Abhängigkeit der beiden Stichproben;
- Aussagen über die Veränderung der Messwerte sind möglich.

Ergebnisse

tabellierte Wahrscheinlichkeit $p \geq 0{,}05$ → H_0 trifft zu;
tabellierte Wahrscheinlichkeit $p < 0{,}05$ → H_1 trifft zu.

McNemar-(CH^2)-Test

Raum für Notizen:

Voraussetzungen

- Abhängigkeit der beiden Stichproben.
- Die Merkmale müssen alternativ skaliert sein.
- Die Erwartungswerte der Zellen a und d in der Vierfeldertabelle müssen größer als 5 sein.
- Alle Erwartungswerte müssen größer als 0 sein.

Signifikanzprüfung

Prüfgröße: CHI^2 verteilt mit df = 1

Ergebnisse

$CHI^2 \geq 3,84 \rightarrow H_0$ trifft zu;
$CHI^2 < 3,84 \rightarrow H_1$ trifft zu.

Im Falle von p = 0,01 wird der Wert 3,84 durch 6,64 ersetzt.

8.5 Statistische Prüfverfahren für mehr als 2 Stichproben

Natürlich kann man sich auch vorstellen, mehr als zwei Gruppen gleichzeitig zu testen.

Die Tabelle 8.6 gibt eine Übersicht über die verschiedenen Prüfverfahren bei unabhängigen und abhängigen Stichproben.

Tabelle 8.6 Prüfverfahren bei unabhängigen und abhängigen Stichproben

	Nominalskala	Ordinalskala	Intervallskala
unabhängige Stichproben	CHI^2-Test	H-Test	einfache Varianzanalyse für unabhängige Messungen
abhängige Stichproben	Cochran-Q-Test	Friedman-Test	einfache Varianzanalyse für abhängige Messungen

Im Rahmen dieses Buches soll nur etwas über Varianzanalyse gesagt werden.

Raum für Notizen:

8.5.1 Einfaktorielle Varianzanalyse (EFVA)

Varianzanalysen werden unter anderem danach klassifiziert, wie viele unabhängige Variablen in ihrer Bedeutung für die abhängigen Variablen untersucht werden.

> **Merke**
>
> **Definition einfaktorielle Varianzanalyse:**
> - Der Einfluss *einer* unabhängigen Variablen auf eine abhängige Variable wird untersucht.
> - Die abhängige Variable muss intervallskaliert sein.
> - Die unabhängige Variable kann ein beliebiges Skalenniveau aufweisen.
> - Die unabhängige Variable wird als Faktor bezeichnet, der p-fach gestuft ist.
> - Die Auswirkung einer p-fach gestuften, unabhängigen Variable auf die abhängige Variable wird untersucht.

Werden randomisierte Stichproben unterschiedlich behandelt, wird dies als *Treatmentfaktor* bezeichnet. Führt eine EFVA zu einem signifikanten F-Wert, lässt sich daraus schließen, dass sich die p-Mittelwerte in irgendeiner Weise signifikant unterscheiden (*Overall-Signifikanz*). Eine differenzierte Interpretation wird erst möglich, wenn bekannt ist, welche Mittelwerte sich von welchen anderen Mittelwerten signifikant unterscheiden.

Voraussetzungen

- Normalverteilung
- Homogene Varianzen innerhalb der Stichproben (Test nach Bartlett oder F_{max}-Test) (beide Tests dürfen nichtsignifikant sein).
- Die Fehlerkomponenten müssen (innerhalb einer und zwischen mehreren Stichproben) voneinander unabhängig sein.

Bewertung

- Die abhängigen Fehlerkomponenten können den F-Test sowohl hinsichtlich dem α- als auch dem β-Fehler entscheidend beeinflussen.
- Abweichungen von der Normalität sind zu vernachlässigen, wenn die Populationsverteilungen schief sind.
- Bei extrem schmalgipfeligen Verteilungen neigt der F-Test zu konservativen Entscheidungen.
- Bei breitgipfeligen Verteilungen ist das tatsächliche α-Fehler-Risiko etwas höher als das nominelle.

- Die Teststärke wird durch schmalgipfelige Verteilungen vergrößert, durch breitgipfelige verkleinert. Dies gilt vor allem für kleine Stichproben.
- Heterogene Varianzen beeinflussen den F-Test nur unerheblich, wenn die untersuchten Stichproben gleich groß sind.
- Bei ungleich großen Stichproben und heterogenen Varianzen ist die Gültigkeit des F-Tests vor allem bei kleineren Stichprobenumfängen erheblich gefährdet.

Raum für Notizen:

8.5.2 Mehrfaktorielle Versuchspläne

Die Vorteile gegenüber der einfaktoriellen Varianzanalyse liegen in der Reduktion der Fehlervarianz und dem Aufdecken von Interaktionen. Die Interaktion oder Wechselwirkung kennzeichnet einen über die Haupteffekte hinausgehenden Effekt, der nur dadurch zu erklären ist, dass mit der Kombination einzelner Faktorstufen eine eigenständige Wirkung oder ein eigenständiger Effekt verbunden ist.

8.6 Korrelationsanalyse (bivariate Häufigkeitsverteilung)

Ein anderer Weg, Daten zu analysieren, besteht darin, festzustellen, wie gut die erhobenen Daten miteinander korrelieren.

> **Merke**
>
> **Definition Korrelation:** Der Korrelation liefert Informationen über die *Stärke* und *Richtung* der Zusammenhänge.

Korrelationen werden immer als Zahlen zwischen – 1 und + 1 ausgedrückt, die folgendermaßen zu interpretieren sind:
- + 1: perfekter positiver Zusammenhang;
- 0: unabhängig;
- – 1: perfekter negativer Zusammenhang.

Im Unterschied zu funktionalen Zusammenhängen, die mittels einer Funktionsgleichung exakte Vorhersagen ermöglichen, wird im sozial- und medizinwissenschaftlichen Bereich von stochastischen Zusammenhängen gesprochen, die je nach Höhe des Zusammenhangs unterschiedlich präzise Vorhersagen zulassen. Die Gleichung, die bei stochastischen Zusammenhängen zur Merkmalsvorhersage benötigt wird, ist die *Regressionsgleichung* (s. Glossar).

Raum für Notizen:

■ Produkt-Moment-Korrelationskoeffizient r nach Pearson

Voraussetzungen

– Beide Variablen sind intervallskaliert.
– Die Beziehung ist annähernd linear.
– Die Variablen zeigen eine Normalverteilung (in der Grundgesamtheit).

Vor der Berechnung lässt sich ein erster Überblick über die Linearität und die Stärke des Zusammenhangs anhand eines *Scatterdiagramms* (Kreuzdiagramm) gewinnen.

■ Interpretation r

Tabelle 8.7   Interpretation r

r	Zusammenhang
0,00	–
0,00 – 0,39	niedrig
0,40 – 0,69	mittel
0,70 – 0,99	hoch
1,00	optimal

Positive Korrelation

– Wird eine Variable besser, verbessert sich auch die andere.
– Je weniger die Punkte um eine gedachte Gerade herum streuen, desto höher ist der Wert von r.
– Ist bei allen Werten auf einer Linie $r = 1$, handelt es sich um einen optimalen positiven Zusammenhang.
– Ist $r = 0$, besteht kein Zusammenhang.

> **Beispiel**
> Zusammenhang zwischen Weitsprungweite und max. Laufgeschwindigkeit bei Sportstudenten. Je höher die Laufgeschwindigkeit liegt, desto weiter ist der Sprung (und umgekehrt).

Negative Korrelation

Raum für Notizen:

Wird der Wert einer Variablen größer, verringert sich der Wert der anderen.

> **Beispiel**
> Zusammenhang zwischen Kugelstoßen und Ausdauerleistungsfähigkeit. Je weiter die Kugel geworfen wird, desto schlechter ist die Ausdauerleistung (und umgekehrt).

Die Bedeutung einer Korrelation hängt nicht nur von der Höhe des Wertes r, sondern vor allem auch von der *Größe* und der *Zusammensetzung* der Stichprobe *ab*.

[siehe Beispiel mit dem einen Ausreißer, der bei kleiner Stichprobengröße die Korrelation plötzlich von $r = 0,05$ (praktisch kein Zusammenhang) auf $r = 0,48$ (mittlerer Zusammenhang) verändert]

Homogene Stichproben zeigen tendenziell niedrigere Zusammenhänge als heterogene. Daher muss immer geprüft werden, ob die gefundenen Zusammenhänge nicht von anderen (Dritt-) Variablen verursacht werden (Scheinkorrelationen).

> **Beispiel:**
> Bei einer altersheterogenen Stichprobe (Jungen von 8 – 18 J.) besteht eine hohe Korrelation zwischen der Ausdauerleistung und der Schuhgröße. *Interpretation:* Die Jungen mit großen Füßen habe eine bessere Ausdauer.

Die Interpretation ist selbstverständlich *falsch*. Sowohl die Schuhgröße als auch die Ausdauer sind altersabhängig, d. h. der Alterseinfluss verursacht die Korrelation zwischen beiden Variablen. Lösungsmöglichkeiten sind die Bildung altershomogener Gruppen oder das Herausrechnen der Störgröße mithilfe der *Partialkorrelation*.

9 Projektarbeiten in der Physiotherapieausbildung

Jan Kool

Raum für Notizen:

Dieses Kapitel besteht aus 2 Abschnitten. Der 1. Teil zeigt den Ablauf beim Verfassen einer Projektarbeit, der sich in folgende 4 Phasen einteilen lässt: Planungs-, Vorbereitungs-, Durchführungs- und Abschlussphase. Im 2. Teil stehen die zentralen Elemente einer Projektarbeit im Mittelpunkt: Einführung, Fragestellung, Methoden, Resultate, Diskussion und Schlussfolgerung. Doch wollen wir zunächst darüber nachdenken, warum Projektarbeiten entstehen bzw. welche Ziele sie haben.

9.1 Ziel und Nutzen einer Projektarbeit

Ziel und Nutzen einer Projektarbeit lassen sich von 2 Standpunkten aus beschreiben. Es können Vorteile für den Verfasser und die gesamte (betroffene) Berufsgruppe formuliert werden. Der Verfasser hat das Ziel, sich innerhalb des Berufsfeldes in ein gewähltes Gebiet zu vertiefen. Dabei wird einerseits das fachliche Wissen ausgebaut und andererseits ein methodisches Vorgehen erlernt und angewendet.

Darüber hinaus kann eine Projektarbeit für die Weiterentwicklung des Berufes wichtige Anregungen geben. Das methodische Vorgehen während einer Projektarbeit liefert sachliche Antworten auf zuvor gestellte Fragen und führt so zu stichhaltigen Ergebnissen.

Viele durchgeführte Projektarbeiten sind sehr umfangreich und enthalten zahlreiche wichtige Informationen. Leider werden die meisten kaum beachtet und landen oft nur in Schulbibliotheken. Was kann sinnvollerweise getan werden, um ihren Nutzen zu erhöhen? In jedem Fall ist es möglich und sinnvoll, die Arbeit anderen Schülern oder Studenten zu präsentieren. Das Erstellen von Folien, Dias und Videomaterial für einen einstündigen Vortrag ist eine lehrreiche Aufgabe, die ein Teil einer Schulklasse übernehmen kann. Im Idealfall führt die Projektarbeit zu einer Publikation in einer Fachzeitschrift oder zu einer Präsentation bei einer Tagung.

Die Arbeit an einem Projekt ist mit vielen Hochs und Tiefs verbunden, Durststrecken müssen durchgestanden und überwunden werden. Doch das Dranbleiben lohnt sich. Im folgenden Textauszug wird das Wechselbad der Gefühle anhand einer Diplomarbeit anschaulich beschrieben. Er gilt ebenso für Projektarbeiten.

> **Beispiel**
>
> Franière (1985) beschäftigt sich mit der Frage nach der Motivation für das Verfassen einer Diplomarbeit. Er schildert in eindrücklicher Weise die emotionellen Ergebnisse, die damit verbunden sein können: „Immer ist die Zeit der Ausarbeitung der Diplomarbeit durch vielerlei Emotionen gekennzeichnet: man hat Angst davor oder erwartet sie ungeduldig; man spricht viel davon; während jemand eine Arbeit schreibt, wird er oft mit einer neugierigen Aufmerksamkeit umgeben, man nimmt Rücksicht auf ihn. Es gibt Zeiten des Scheiterns, der Blockierung, des Zögerns, der Unsicherheit. Die Diplomarbeit zeigt eine Art Ausnahmezustand. Es wird manchmal auf die Initiationsrolle dieses Abenteuers hingewiesen. Alle diese Emotionen sind bekannt und normal. Man kann auf verschiedene Arten mit ihnen umgehen" (Franière 1985, Seite 19).

Raum für Notizen:

9.1.1 Themenwahl und fachliche Begleitung

Die Themenwahl lässt sich in der Regel nicht innerhalb weniger Stunden erledigen. Dabei handelt es sich um einen länger dauernden Prozess. Wie lassen sich überhaupt Themen finden? Schon während der Ausbildung tauchen Fragen im Zusammenhang mit dem unterrichteten Stoff auf. Gewisse Teilgebiete wecken besonderes Interesse, Kontakte der Schüler mit Physiotherapie und Physiotherapeuten außerhalb der Schule, z. B. an Praktikumsorten, können andere, neue Gesichtspunkte zu Inhalten bringen. Damit wird das Bedürfnis nach weiteren Nachforschungen geweckt.

Es ist immer sinnvoll, anfänglich mehrere Themen zu entwickeln und dabei folgende Punkte zu beachten:
- Welche Fragestellung ließe sich formulieren?
- Wie kann sie beantwortet werden?
- Was ist nötig, um die Studie durchzuführen?

Für die endgültige Themenwahl ist die *Realisierbarkeit* ein wichtiges Kriterium. Von zentraler Bedeutung ist die Verfügbarkeit von fachlicher und methodologischer Begleitung, von Literatur, Material (z. B. Messgeräte) und Personen. Da gesunde Probanden einfacher zu rekrutieren sind als Patienten, werden beispielsweise oft Themen gewählt, die an Mitschülern oder anderen gesunden Personen erforscht werden können.

Die Projektarbeit sollte zur Unterstützung von einem Experten begleitet werden, z. B. fachlich von einem Lehrer oder Praktikumsmentor und methodologisch von einem Lehrer der Ausbildungsstelle.

Ausbildungsinstitute können in Zusammenarbeit mit den Experten Ideen sammeln und einen Themenpool erstellen. Bietet ein fachlicher Experte ein Thema an, bedeutet dies eine gewisse Garantie für die Realisierbarkeit der Projektarbeit. Ein weiterer Vorteil bei einem vorgeschlagenen Thema ist, dass sowohl Schüler als auch Experte ein Interesse am Gelingen der Arbeit

Raum für Notizen:

haben. Das fördert die Qualität der fachlichen Begleitung und erhöht den Nutzen für beide Beteiligten: Die Schüler werden engagiert fachlich begleitet, und der Experte profitiert u.a. von den Literaturrecherchen und Forschungsergebnissen der Schüler.

9.1.2 Methodologische Begleitung

Die Durchführung einer wissenschaftlichen Projektarbeit stellt hohe Anforderungen an die fachliche und methodologische Begleitung. Dies gilt für jede Art von Projektarbeit; für Literaturstudien ebenso wie für eine Studie zur Untersuchung einer Therapieeffektivität oder eine Zuverlässigkeitsstudie. Schulen, die wissenschaftlich aufwendige Projektarbeiten durchführen, tun dies oft mit einer ganzen Klasse. Die Arbeit wird auf mehrere Schüler verteilt, sodass auch der Aufwand für die Begleitung in einem vertretbaren Rahmen bleibt. Laufen in einer Klasse mehrere Projekte gleichzeitig, ist es fast nicht möglich, alle Projekte fachlich und methodologisch adäquat zu begleiten.

9.1.3 Wie groß ist der Aufwand?

Der Aufwand für die Projektarbeit reduziert sich, wenn sie von einer größeren Gruppe durchgeführt wird und kann zusätzlich zum Unterricht bei ca. 20 Std. pro Schüler liegen.

Nicht selten wird am Anfang ineffizient gearbeitet. Die Orientierung auf das Thema dauert oft zu lange oder es wird zu wenig gezielt gelesen. Dadurch geht viel Zeit verloren. Dies ist insbesondere dann der Fall, wenn die Schüler selbstständig ein Thema wählen. Wird das Thema dagegen von einem Experten vorgeschlagen, hat dieser sich in der Regel schon orientiert und besitzt eine konkrete Vorstellung von der Durchführung und Machbarkeit der Projektarbeit. Häufig ist auch schon Literatur vorhanden.

Meistens ist eine statistische Analyse der Daten, die die Projektarbeit bringt, notwendig. Dabei ist es sehr wichtig, sich schon vor der Datenerfassung zu überlegen, welche statistischen Methoden angewendet werden. So wird z.B. ein Datensatz aus hypothetischen Daten erstellt und damit zunächst die statistische Analyse erprobt. Oft bringt diese Übung wichtige Anregungen zur Verbesserung der geplanten Datenerfassung.

9.1.4 Planung und Meilensteine

Es ist sinnvoll, gleich zu Beginn der Auseinandersetzung mit dem Thema der Projektarbeit die ersten Ideen schriftlich auf einem Blatt Papier zu sammeln. Dabei spielt die Fragestellung eine sehr wichtige Rolle. Anschließend sollte ein Zeitplan mit Meilensteinen am besten anhand der folgenden 4 Phasen der Projektarbeit aufgestellt werden.

Planungsphase

Raum für Notizen:

Die Planungsphase endet mit dem Meilenstein *Präsentation des Studienprotokolls*. Zu dieser Präsentation werden Personen eingeladen, die möglicherweise noch wertvolle Hinweise geben können, die vor Beginn der Datenerfassung zu berücksichtigen sind. Mitglieder der Projektgruppe präsentieren die Einleitung, die aus einer Zusammenfassung der wichtigen Literatur besteht und mit der Fragestellung der Studie schließt. Anschließend werden die Methoden der Datenerfassung beschrieben: Welche Personen werden untersucht? Welche Zulassungskriterien sind geeignet? Wie werden die Messungen durchgeführt?

Die Präsentation des Protokolls vor den begleitenden Experten und anderen Fachpersonen (Lehrer, Physiotherapeuten) eignet sich sehr gut, um letzte kritische Bemerkungen aufzunehmen. Sie werden anschließend wohl wollend geprüft. Zu diesem Zeitpunkt sind Anpassungen im Protokoll noch möglich, die später aber nicht mehr umgesetzt werden können.

In der Einführung des Protokolls wird der momentane Wissensstand kurz zusammengefasst und anschließend die Fragestellung formuliert. Die Einführung wird erst im Bericht der Projektarbeit in vollem Umfang ausgearbeitet. Der Abschnitt *Methode* beschreibt die Zulassungskriterien für die Probanden, die Messungen und die statistischen Methoden (z. B. Kap. 6 Messen, Kap. 3 Zulassungskriterien, Kap. 8 Statistische Hürden).

Vorbereitungsphase

In der Vorbereitungsphase werden die Messstationen eingerichtet und die Durchführung der Messungen geübt. Außerdem müssen Vorlagen für die Datenerfassung und Fragebogen erstellt werden. Mit dem Abschluss dieser Arbeiten ist der 2. Meilenstein erreicht.

Durchführung der Messungen

Die Durchführung der Messungen ist eine reine Fließarbeit, die sehr sorgfältig zu erledigen ist. Die Messungen stellen den 3. Meilenstein dar. Die Datenerfassung sollte im mittleren Drittel der Studie abgeschlossen sein, damit genügend Zeit für die Auswertung der Resultate und die Formulierung einer stichhaltigen Diskussion und gut fundierten Schlussfolgerung bleibt.

Auswertung der Ergebnisse

Die letzte Etappe auf dem Weg ins Ziel ist erreicht: Die Resultate werden ausgewertet, beschrieben und diskutiert. Den krönenden Abschluss des Berichts der Projektarbeit bildet die Schlussfolgerung.

Nun können zum Dank alle, die einen Beitrag geleistet haben ebenso wie die an den Ergebnissen Interessierten zu einer gemeinsamen kleinen Feier eingeladen werden.

Raum für Notizen:

Zusammenfassung der Meilensteine

Planungsphase

- Orientierung in der Literatur;
- Formulierung der Fragestellung;
- Lektionen über Methodologie und Messen;
- Einladung von Experten für die fachliche Beratung bei der Fragestellung;
  ▷ **Meilenstein 1:** Präsentation des Studienprotokolls.

Vorbereitungsphase

- Erstellung und Erprobung der Messungen;
- Konzeption der Vorlagen zur Datenerfassung;
- Übung der statistischen Verarbeitung hypothetischer Daten (Lektion zur Statistik);
  ▷ **Meilenstein 2:** Abschluss der Vorbereitungsarbeiten für die Studie.

Durchführung der Messungen

▷ **Meilenstein 3:** Abschluss der Messungen.

Verarbeitung der Daten und Erstellen des Berichts

- Beschreibung der Ergebnisse (statistische Verarbeitung);
- Diskussion der Resultate;
- Formulierung der Schlussfolgerungen;
- Erstellung des Berichts der Projektarbeit;
  ▷ **Meilenstein 4:** Präsentation der Projektarbeit (und Fest).

Eine leichte Panik während den letzten Tagen vor dem Abgabetermin der Projektarbeit gehört gewissermaßen dazu. Auch Computerabstürze mit Datenverlusten oder defekte Fotokopiergeräte treten nicht selten auf.

9.1.5 Form

Eine Projektarbeit soll mindestens die Abschnitte enthalten, die auch bei der Publikation einer Studie von Bedeutung sind, d. h.:
- Einführung und Fragestellung;
- Methode;
- Ergebnisse;
- Diskussion und Schlussfolgerung.

Im Text wird auf die in der Literaturliste genannten Quellen hingewiesen.

Einführung

Raum für Notizen:

Die Einführung enthält immer eine Literaturstudie, die die bisherigen Kenntnisse zusammenfasst. Dabei werden die wichtigsten Handbücher und wissenschaftlichen Studien im Zusammenhang mit der Projektarbeit genannt. Außerdem wird dem Leser dargelegt, weshalb das gewählte Thema so brisant ist, dass die Untersucher einen erheblichen Aufwand mit der Durchführung der Studie hatten und – das Wichtigste – weshalb er diese Arbeit unbedingt lesen muss.

Fragestellung

Die Fragestellung wird oft im letzten Abschnitt der Einführung erscheinen, kann aber auch separat unter dem Titel *Fragestellung* oder *Zweck* beschrieben werden. Bei der Formulierung der Fragestellung wird in der Regel global begonnen, um das Thema später enger einzugrenzen. Es ist sinnvoll, zusammen mit dem Projektteam oder mit Bekannten Ideen und Gedanken zu sammeln. Bei diesem Brainstorming sollen jedoch keine Detaildiskussionen geführt werden, da diese nur das vollständige Erfassen von Ideen und Gedanken behindern würden. Nach dem Brainstorming werden die gesammelten Punkte gruppiert. Das folgende Beispiel zeigt eine mögliche Gruppierung.

> **Beispiel**
> Brainstorming zur Abgrenzung der Fragestellung
> Ausgehend von der allgemeinen Fragestellung „Hilft Muskeldehnung?", werden Ideen gesammelt, die wichtig erscheinen. Wie beim Brainstorming üblich, wird zunächst nicht detailliert auf die einzelnen Punkte eingegangen. Vielmehr werden lediglich Fragen gesammelt, die zur Formulierung einer klaren Fragestellung beantwortet werden müssen:
> - Wie ist die Dosierung beim Muskeldehnen – abhängig von der Kraft, vom Schmerzempfinden, von der Dauer?
> - Worin liegt das Ziel des Dehnens – Dehnung im Rahmen eines Warming-up zur Vermeidung von Verletzungen, zur Verlängerung bestimmter Muskeln (z. B. bei Tänzern), nach einer maximalen Anstrengung zur Reduktion von Muskelkater (die aktuelle Ansicht vieler Experten ist, dass das Gegenteil der Fall sein könnte)?
> - Wie stelle ich mir den neurophysiologischen Wirkungsmechanismus vor?
> - Welches Gewebe wird gedehnt – Muskel- oder Sehnengewebe, Haut, Nerven, Bänder?
> - Welche Technik wird eingesetzt – statisches Dehnen während einer bestimmten Zeit, oszillierend, mit Hold-Relax-Techniken?
> - Bei welchen Personen werden die Dehnungen durchgeführt – gesunde Sportler oder Patienten?

Raum für Notizen:

> **Beispiel Fortsetzung**
> – Wie wird der Effekt des Dehnens gemessen – Beweglichkeit sofort nach dem Dehnen, 24 Stunden nach dem Dehnen oder nach 6 Wochen dauerndem täglichen Dehnen? Oder ist ein präventiver Effekt für Verletzungen während des Sports zu vermuten und soll die Anzahl der Verletzungen beim Sport gemessen werden?

Das Beispiel zeigt, dass mit einem Brainstorming innerhalb kürzester Zeit sehr viele Gedanken zusammenkommen. Da wohl zu jedem einzelnen Punkt eine lange Diskussion möglich wäre, sei hier nochmals betont, dass es in dieser Phase wichtig ist, beginnende Diskussionen abzublocken.

Obwohl nach einer Brainstormingphase mehr Fragen als vorher vorliegen, ist es wahrscheinlich, dass hier bereits die wesentlichen Inhalte der Projektarbeit auf dem Papier stehen. Zur Beantwortung aller Fragen würden auch 10 Projektarbeiten nicht ausreichen. Der entscheidende Punkt ist jedoch, dass damit eine Auswahl möglich wird.

Wie soll die Fragestellung eingegrenzt und anschließend formuliert werden? Dies ist abhängig vom Interesse und der Machbarkeit. Führen wir dazu unser obiges Beispiel fort.

> **Beispiel**
> Die Projektgruppe grenzt das Gebiet weiter ein: Es wäre interessant, die präventive Wirkung des Muskeldehnens nachzuweisen. Die Schüler sind davon überzeugt, dass Muskeldehnen zur Reduzierung von Verletzungsgefahren beim Sport wichtig ist. Sie stellen jedoch fest, dass diese Fragestellung im Rahmen einer Projektarbeit praktisch nicht untersucht werden kann. Hierzu müssten mehrere 100 Sportler für die Dauer von 1–2 Jahren nach der Intervention beobachtet werden, um die unterschiedliche Häufigkeit der Verletzungen in der Experimental- und Kontrollgruppe zu messen. Da das nicht machbar ist, beschließt die Projektgruppe, zwar beim gleichen Thema, aber in einer anderen Richtung weiter zu suchen.
> Bei der Suche nach Artikeln, die das Muskeldehnen evaluieren, stoßen sie auf eine Publikation, bei der verschiedene Dehntechniken miteinander verglichen werden (Brandy 1997). Bei gesunden Personen bewirkt die Muskeldehnung der dorsalen Oberschenkelmuskulatur eine Zunahme der Beweglichkeit. 4 untersuchte Behandlungsmethoden (statisch, postisometrische Relaxation, mit jeweils unterschiedlicher Dauer durchgeführt) erbrachten im Vergleich zur nicht behandelten Kontrollgruppe den gleichen Zuwachs der Beweglichkeit nach Abschluss der Behandlungsserie. Einige Fragen bleiben jedoch unbeantwortet. Die Untersucher formulieren zum Schluss der Publikation selbst die Frage, ob die Dehnung auch bei anderen Muskelgruppen effektiv ist. Und da nur vor und nach der gesamten Behandlungsserie gemessen wurde, lässt sich nicht beurteilen, welche Behandlungsmethode schneller zum Ziel führt.

> **Beispiel Fortsetzung**
> Die Projektgruppe möchte nun eine ähnliche Studie durchführen, um folgende Fragen zu beantworten:
> – Welche Behandlungsmethode zeigt die schnellste Wirkung?
> – Wie ist der Effekt bei Dehnung der Muskulatur zur Verbesserung der Flexion im Schultergelenk?

Raum für Notizen:

> **Merke:**
> Es hat Vorteile, von bereits durchgeführten Studien auszugehen!

Bei bereits durchgeführten Studien als Ausgangspunkt für eine Projektarbeit lassen sich bereits gemachte Erfahrungen nutzen. Die im Beispiel genannte Studie hatte für den Beruf des Physiotherapeuten ein positives Ergebnis, da die Effektivität der Muskeldehnung zur Verbesserung der passiven Beweglichkeit nachgewiesen werden konnte. Selbstverständlich lässt sich mit dieser Versuchsanordnung bei gesunden Personen nicht die Wirksamkeit der Muskeldehnung zur Reduktion von Beschwerden bei Patienten belegen. Bei vielen angewandten Techniken ist jedoch weder bei Patienten noch bei Gesunden eine Wirkung nachweisbar.

9.1.6 Beschreibende Studie

Der folgende Abschnitt zeigt ein anderes Beispiel einer Projektarbeit, deren Aufwand geringer ist. Die Struktur des Berichts ist ähnlich. Die fachliche und methodologische Begleitung hat auch hier große Bedeutung, da die Bearbeitung der Thematik ohne Unterstützung zu kompliziert ist.

Einführung

Heinz fragte sich, ob in der Klinik, in der er arbeitet, Rehabilitation bei Multipler Sklerose sehr effektiv ist. Zur Objektivierung der Veränderungen in der Selbstständigkeit bei den basalen Aktivitäten des täglichen Lebens (ATL, Kap. 4) wird bei allen Patienten der neurologischen Rehabilitation die *Functional Independence Measure* (FIM, S. 62) erfasst. Diese Messung zeigt bei mehr als 50 % der Patienten während ihres Aufenthalts keine Veränderung.

Fragestellung

– Erzielen die Patienten keine relevanten Fortschritte?
– Ist die Messung ungeeignet?
– Haben andere Kliniken ähnliche oder andere Ergebnisse, Behandlungsmethoden und Evaluationsverfahren?

Raum für Notizen:

■ Methoden und Resultate

Eine Literatursuche in der Datenbank MEDLINE fördert Studien mit besseren Ergebnissen zutage. So weist beispielsweise die Vorgehensweise in einer Klinik in England (Freeman, 1997) mit besseren Resultaten 2 wesentliche Unterschiede auf:
1. Es werden andere Messungen durchgeführt. Der *Rivermead Mobility Index* (s. Kap. 6) erfasst die Mobilität und könnte zur Feststellung der Veränderungen besser als FIM geeignet sein. FIM misst zu viele Kriterien, die sich in dieser Patientengruppe nicht wesentlich verändern.
2. Die Vorgehensweise bei der Patientenaufnahme ist deutlich anders. In England werden alle Patienten ambulant untersucht, und ihre Probleme von einer Physiotherapeutin dokumentiert. Diese entscheidet, ob eine Intervention (Behandlung) indiziert ist und falls ja, ob diese ambulant, zu Hause oder in einem Rehabilitationszentrum durchgeführt werden muss. Oft stellt sich dabei heraus, dass manche Patienten gar keine Behandlung, sondern vielmehr Unterstützung bzw. Mithilfe im Haushalt, bei der Mahlzeitenverabreichung, eine Hilfsmittelanpassung oder bauliche Veränderungen ihrer Wohnung benötigen.

Heinz möchte untersuchen, welche Rolle die Art der Messung spielt. In der englischen Klinik wird eine Mobilitätsmessung benutzt, die die Fähigkeit des Sitzens, Transfers, Aufstehens und Gehens misst und andere Alltagsaktivitäten außer Acht lässt. Diese Messung zeigt im Vergleich zu der anderen Messung eine größere Empfindlichkeit für Veränderungen (S. 70, 73), was die unterschiedlichen Resultate der beiden Kliniken erklären kann.

Heinz entscheidet sich im Rahmen der Projektarbeit, bei den letzten 25 Patienten mit Multipler Sklerose die Krankengeschichten zu studieren, um ihre Ziele und in den Austrittsberichten der Ärzte und Physiotherapeuten die individuellen Fortschritte zu erfassen, falls diese nicht anhand der Messungen aufgedeckt wurden.

Bei dieser retrospektiven Erfassung bestätigt sich die Vermutung, dass der FIM zu wenig empfindlich ist.

Die Entlassungsberichte der Physiotherapie vermerken Fortschritte in der Mobilität und in der Gehgeschwindigkeit, die sich nicht in einer größeren Anzahl der Punkte im FIM niederschlagen. Dies ist bei 6 von 25 Patienten (24%) der Fall. Bei 13 von 25 Patienten (52%) werden mit dem FIM Fortschritte erfasst. Somit verbessern sich 76% der Patienten.

Schlussfolgerung: Der FIM ist bei einem erheblichen Anteil der Patienten mit MS nicht empfindlich für Veränderung und deshalb ungeeignet für die Verlaufskontrolle.

9.2 Zentrale Elemente einer Projektarbeit

Raum für Notizen:

In diesem 2. Teil wird auf die Form der Berichterstattung der Projektarbeit eingegangen.

9.2.1 Form

Titel

Der Titel soll die wesentliche Aussage enthalten, da viele Leser bei der Selektion ihrer Lektüre primär die Titel überfliegen. Er soll Interesse wecken, was sich beispielsweise gut durch sprachliche Spitzfindigkeiten erreichen lässt.

Mögliche Titel
– Behandlung der akuten Sprunggelenkdistorsion – Eis oder heiß?
– Rehabilitation bei chronischen lumbalen Rückenschmerzen – wer profitiert?
– Muskeldehnen kritisch betrachtet – Indikationen und Wirkungsmechanismen.

Vorwort

Der Bericht muss nicht unbedingt ein Vorwort enthalten, da es nicht zu den obligatorischen Kernelementen einer wissenschaftlichen Arbeit gehört. Gerade wenn die Zeit knapp ist, sollte sie besser für die Darstellung der Kernelemente verwendet werden. Das Vorwort ist ein persönlich gefärbter Begleitbrief, um zu beschreiben, wie die Themenwahl zustande kam oder welche Personen bei der Arbeit besonders behilflich waren.

Einleitung

Die Einleitung fasst den Wissensstand zu Beginn der Projektarbeit zusammen. So lassen sich bei einer Arbeit über die Rehabilitation von Patienten mit chronischen Rückenschmerzen beispielsweise die untersuchten Behandlungskonzepte mit ihren Zielen und Methoden anführen. Anschließend kann das Thema der Therapieresistenz beleuchtet und die Frage nach der richtigen Auswahl der Patienten mit einer guten Therapieprognose aufgeworfen werden. In der Physiotherapieausbildung wird nicht auf prognostische Tests für das Therapieresultat eingegangen.

Hat ein Praktikumsbegleiter auf diesem Gebiet bereits Erfahrungen gesammelt, könnte die Fragestellung folgendermaßen lauten: *Wie ist die Zuverlässigkeit der 4 eingesetzten prognostischen Tests?* (Oesch, Kool 2000)
– VAS 0–10;
– Pseudokrafttest;
– 3-Minuten-Stufentest;
– Waddell-Test für nichtorganische physische Zeichen.

Raum für Notizen:

Die Ausführung und der Anwendungsbereich dieser Tests sind in diesem Zusammenhang unwichtig. Der interessierte Leser kann dazu die Publikation in der Zeitschrift Krankengymnastik nachlesen (Oesch 2000).

Diese 4 Tests werden am Praktikumsort verwendet, sodass sich der Schüler für ihre Zuverlässigkeit interessiert. Der Praktikumsbegleiter muss gestehen, dass die publizierten Studien zur Zuverlässigkeit bei andersartigen Patientengruppen durchgeführt wurden. Unterschiede bezüglich des kulturellen Hintergrunds der Patienten und im sozialen Versicherungssystem verschiedene Länder stellen die Gültigkeit der Ergebnisse der Zuverlässigkeitsstudie (USA) für eine Klinik in Europa (D, CH, A) in Frage.

Auch der Praktikumsort ist sehr an einer Studie über die Zuverlässigkeit der verwendeten prognostischen Tests interessiert und daher auch bereit, die Projektarbeit fachlich zu unterstützen. Natürlich erfordert das gewählte Thema eine vertiefte Auseinandersetzung mit theoretischen Modellen der chronischen Rückenschmerzen, die die psychosozialen Faktoren in besonderem Maße berücksichtigen. Auch die prognostischen Faktoren für das Ergebnis einer Rehabilitation sind von großer Bedeutung. Schließlich müssen die Grundlagen des Messens und die Zuverlässigkeit wiederholter Messungen kurz beschrieben werden.

Methoden

In Bezug auf die Fragestellung und unter Berücksichtigung der Möglichkeiten wird das Vorgehen ausgewählt. Bei der Literatursuche werden Datenbanken, Zeitschriften, Fachbücher und Experten befragt. Außerdem wird die Datenerhebung an Patienten oder anderen Probanden beschrieben (Kap. 1, RCT).

Ergebnisse

In diesem Abschnitt werden die Ergebnisse der Arbeit lediglich beschrieben, ohne sie zu kommentieren.

Diskussion

Erst in diesem Abschnitt erfolgt die Interpretation der Resultate unter folgenden Gesichtspunkten:
– Welche Ergebnisse sind unerwartet?
– Wie lassen sich die Resultate erklären?
– Welche anderen Untersuchungen unterstützen die Ergebnisse?
– Wie können Unterschiede mit anderen Untersuchungen begreiflich gemacht werden?

■ Schlussfolgerung

Raum für Notizen:

Hier schließt sich der Kreis zur ursprünglichen Fragestellung. Nun werden ihre verschiedenen Komponenten Punkt für Punkt beantwortet.

■ Literaturverzeichnis

Die verwendete Literatur wird alphabetisch nach Autoren geordnet. (Im Text wird jeweils nur der Autor mit Jahreszahl genannt.)

■ Anhang

Im Anhang finden sich Unterlagen, die für das Verständnis der Projektarbeit nicht unbedingt notwendig sind, die Leser aber möglicherweise interessieren könnten. Dazu gehören z. B. ausführliche Datentabellen, verwendete Fragebögen oder Beschreibungen von Messverfahren.

■ Literatur

Brandy W, Irion J, Briggler M. The effect of time and frequency of static stretching on flexibility of the hamstring muscles. Phys Ther. 1997; 77(10):1090.
Domholdt E. Physical Therapy Research. Philadelphia: W.B. Saunders Company; 1993.
Franière JP. Comment faire un memoire. Lausanne: Edition realité sociale; 1985.
Freemann J, Langton D, Hobart J, Thompson A. The impact of rehabilitation on multiple sclerosis. Ann Neurol. 1997;42236.
Oesch P, Kool J. Starke chronische Rückenschmerzen fehlinterpretiert – eine prospektive Kohortstudie mit Nachkontrolle nach 3 und 12 Monaten (1999 ausgezeichnet mit dem Forschungspreis vom Deutschen Berufsverband für Krankengymnasten). Krankengymnastik. 2000; 52:8000.

Glossar

子曰學而時習之不亦說乎有朋自遠方來不亦樂乎人不知而不慍不亦君子乎

Absolute Risikoreduzierung (ARR) – Differenz der Ereignisrate in der Kontrollgruppe (CER) und der Ereignisrate in der Behandlungsgruppe (EER): ARR = CER - EER.

Alternative Hypothese – Annahme, dass die Behandlung wirkt.

Ausfall in der Nachuntersuchungsphase – Person, die bezüglich des in Frage stehenden Ergebnisses nicht mehr untersucht werden kann und für die keine Daten in der Nachuntersuchungsphase (nach Beendigung der Behandlungsphase) erhoben werden können.

Attributives Risiko (AR) – Anteil der exponierten Fälle, die nicht erkrankt wären, wenn sie nicht exponiert worden wären.

Baseline – siehe Grundlinie.

Behandlung – Therapieschema, -methode oder -verfahren, welches bzw. welche in einer klinischen Studie geprüft wird (siehe Intervention).

Bias – Die Verzerrung, die durch systematische Fehler bei der Auswahl von Studienteilnehmern oder bei der Untersuchung der Exposition entsteht. Störung, die in jeder Untersuchungsphase auftreten kann und in der Regel zu einer systematischen Abweichung der Ergebnisse von den wahren Werten führt. Zu unterscheiden von zufälligem Fehler.

Blind – Maskiert; ohne Wissen darüber, welche Therapie verabreicht wird.

Blindierungstechniken – In einer Studie wissen Arzt, Patient, Untersucher, Prüfer, Biometriker nicht, welche Behandlungsart jeweils verabreicht wird. In vielen Forschungsbereichen ist eine Verblindung aller Beteiligten allerdings nicht möglich.

Block – Gruppe, Menge, Teil oder Segment, das bei einem bestimmten Zweck, Verfahren oder Vorgang als Einheit betrachtet wird (z.B. Blockrandomisierung).

CER (Control event rate) – Kontrollereignisrate: siehe Ereignisrate.

CHI^2-Test – Nichtparametrischer Test für nominale Skalen. Mit dem CHI^2-Test lässt sich die Frage beantworten, inwieweit eine Abweichung von nominalskalierten Beobachtungsdaten aus einer oder mehreren unabhängigen Stichproben von den Erwartungsdaten besteht.

Compliance – Sie beschreibt die Bereitschaft des Patienten, sich an Hinweise und Verordnungen des Behandlers zu halten (Therapietreue). In Studien muss die Compliance geprüft werden: Halten sich alle Patienten einer bestimmten Vergleichsgruppe wirklich an die definierte Behandlung?

Confounding – Herstellung eines Zusammenhangs aus einem falschen Grund. Eine Variable, die mit zwei zu untersuchenden Faktoren in Beziehung steht, die den Zusammenhang zwischen den Faktoren jedoch fälschlicherweise verdeckt oder betont.

Crossover-Studie – Studie, bei der zwei oder mehr experimentelle Therapieverfahren nacheinander in einer festgelegten oder randomisierten Reihenfolge an die gleiche Patientengruppe verabreicht werden.

Einwilligung nach Aufklärung – Die freiwillig abgegebene Einwilligung eines Patienten, an einer Studie teilzunehmen, nachdem er über die Studie, ihre Ziele, den voraussichtlichen Nutzen, die voraussichtlichen Risiken sowie über die erforderlichen Datenerhebungsverfahren und den vorgesehenen Zeitplan aufgeklärt wurde.

Einzelfallstudie – Der Patient durchläuft zwei verschiedene Behandlungsphasen, die so angeordnet sind, dass er abwechselnd die experimentelle Behandlung und eine andere bzw. eine Plazebotherapie erhält. Idealerweise wird die Studie unter Doppelblindbedingungen und unter fortlaufender Überwachung der Ergebnisse durchgeführt. Die Behandlungsphasen werden so lange wiederholt, bis Untersucher und Patient überzeugt sind, dass sich die Therapieverfahren in ihrer Wirksamkeit definitiv unterscheiden bzw. nicht unterscheiden.

Empfehlung für die klinische Praxis – Systematisch ausgearbeitete Empfehlung, die dem Arzt oder Therapeuten sowie dem Patienten bei Entscheidungen zur angemessenen medizinischen Versorgung in einer bestimmten klinischen Situation helfen soll.

Entscheidungsanalyse – Anwendung expliziter, quantitativer Methoden zur Analyse von Entscheidungen unter unsicheren Bedingungen.

Ereignisrate – Anteil der Patienten in einer Gruppe, bei denen das Ereignis beobachtet wird. Tritt das Ereignis beispielsweise bei 27 von 100 Patienten auf, so ist die Ereignisrate gleich 0,27. Die Begriffe Kontrollereignisrate (CER) und Experimentalereignisrate (EER) beziehen sich auf die Ereignisrate in der Kontroll- bzw. der Experimentalgruppe.

Evidenz-basierte Gesundheitsversorgung – Anwendung der Prinzipien der evidenz-basierten Medizin (siehe unten) auf alle Berufe des Gesundheitswesens, einschließlich des Einkaufs und des Managements.

Evidenz-basierte Medizin (Evidence Based Medicine) – Der gewissenhafte, ausdrückliche und vernünftige Gebrauch der gegenwärtig besten externen, wissenschaftlichen Evidenz für Entscheidungen in der medizinischen Versorgung individueller Patienten. Die Praxis der evidenz-basierten Medizin bedeutet die Integration individueller klinischer Expertise und der bestmöglichen externen Evidenz aus systematischer Forschung.

Experiment – Eine Hypothese zu einem Ursache-Wirkung-Zusammenhang wird in verschieden arrangierten Situationen überprüft.

Exposition – Bloßstellung an Einfluss (z.B. Rauchen, Sport, auch: Behandlung).

Fallbericht – Bericht über einen Patienten.

Fall-Kontroll-Studie – Auswahl von Patienten, die das zu untersuchende Ergebnis aufweisen (Fälle), und von Kontrollpatienten, die das betreffende Ergebnis nicht aufweisen, und retrospektive Untersuchung der Frage, ob die Patienten gegenüber dem zu untersuchenden Faktor exponiert waren.

Falsch-negativ – Ermittlung eines statistisch nicht-signifikanten Ergebnisses, obwohl in Wirklichkeit eine Wirkung erzielt wurde.

Falsch-positiv – Ermittlung eines statistisch signifikanten Ergebnisses, obwohl in Wirklichkeit keine Wirkung erzielt wurde.

Fallserie (Multiple case study) – Bericht über eine Serie von Patienten, die das zu untersuchende Ergebnis aufweisen. Ohne Mitführung einer Kontrollgruppe.

Fehler erster Art – (*Statistik*) Wahrscheinlichkeit, dass die Nullhypothese verworfen wird, obwohl sie wahr ist.

Fehler zweiter Art – (*Statistik*) Wahrscheinlichkeit, dass die Nullhypothese angenommen wird, obwohl sie falsch ist.

Feldstudie – Studie, in der gesunde Personen randomisiert werden.

Gold-Standard – Der annähernd perfekte Test zur Messung oder Diagnose eines Merkmals.

Grundlinie (Baseline) – Zeitpunkt oder Datensatz, der bei späteren Messungen oder Beobachtungen als Ausgangsbasis für die Erfassung von Veränderungen dient.

Guideline – Behandlungsrichtlinie Standard.

Intervention – Behandlungsschema, das in einer klinischen Studie geprüft wird. In der Regel weitgehend standardisiert und protokolliert.

Interventionstudie – Geplantes Experiment, bei dem die Patienten aktiv behandelt (nicht nur beobachtet) werden; Ziel der Studie ist es, Erkenntnisse über die angemessenste Therapie für zukünftige Patienten zu gewinnen (siehe randomisierte klinische Studie, RCT).

Klinische Studie – Geplantes Experiment, bei dem die Patienten aktiv behandelt (nicht nur beobachtet) werden; Ziel der Studie ist es, Erkenntnisse über die angemessenste Therapie für zukünftige Patienten zu gewinnen (siehe randomisierte klinische Studie oder Interventionsstudie).

Kohortenstudie – Untersuchung von zwei Patientengruppen (Kohorten), von denen eine gegenüber dem zu untersuchenden Faktor exponiert wurde und die andere nicht; diese Kohorten werden prospektiv beobachtet, um die Inzidenz des zu untersuchenden Ergebnisses zu ermitteln.

Korrelationswert (Korrelation = Wechselbeziehung) – Er sagt aus, inwiefern Messpaare bei grafischen Darstellungen auf einer Linie liegen, wie dies bei einer perfekten Korrelation der Fall ist (Korrelationswert r = 1).

Kontrollierte klinische Studie – Klinische Studie mit ein oder mehreren zu prüfenden Therapien, mindestens einer Kontrolltherapie, definierten Ergebnismaßstäben zur Beurteilung der zu prüfenden Interventionen und einer objektiven Methode für die Zuweisung der Patienten zur besten Behandlung. Eine Randomisierung findet jedoch nicht statt.

Kosten-Nutzen-Analyse – Verfahren, bei dem die Wirkungen medizinischer Leistungen in die gleichen Geldwerte wie die Kosten umgewandelt und diese miteinander verglichen werden.

Kosten-Wirksamkeits-Analyse – Verfahren, bei dem die Wirkungen medizinischer Leistungen in gesundheitsbezogene Werte umgewandelt und die Kosten für zusätzliche Gesundheit (z. B. Kosten pro zusätzlichem verhinderten Myokardinfarkt) beschrieben werden.

Krankheitsrate/Inzidenz – Zahl der Ereignisse (Krankheitsfälle) pro Zeiteinheit in einer Bevölkerung.

Latenzzeit – Definiert als die präsymptomatische Phase in der Krankheitsentwicklung. Allgemeinerer Ausdruck als Inkubationszeit (= die Zeit zwischen dem Infektionszeitpunkt und dem Ausbruch der Krankheit). Kann sich aber auch auf die Zeit beziehen, die zur Heilung einer Krankheit erforderlich ist.

Likelihood-Verhältnis – Wahrscheinlichkeit, dass ein bestimmtes Testergebnis bei einem Patienten mit der Zielkrankheit ermittelt wird, im Vergleich zu der Wahrscheinlichkeit, dass das gleiche Ergebnis bei einem Patienten ohne die betreffende Krankheit ermittelt wird.

Messvariation – Alle klinischen Beobachtungen unterliegen einer Messvariation; mögliche Ursachen dafür sind Unterschiede bei den Messinstrumenten und den Beobachtern, die die Messung vornehmen. Je nach Messbedingungen kann dies eine Ergebnisverzerrung (Mangel an Validität) oder einen einfachen Zufallsfehler (Mangel an Zuverlässigkeit) zur Folge haben.

Metaanalyse – Übersichtsarbeit, bei der quantitative Methoden zur Zusammenfassung der Ergebnisse unabhängiger Studien (gewöhnlich aus der veröffentlichten Literatur) verwendet werden.

Narrative Übersichtsarbeit – Zusammenfassung von Forschungsergebnissen ohne explizite systematische Methoden.

Natürliche Verlaufsstudie – Studie, bei der Patienten mit einer Krankheit im Zeitverlauf beobachtet werden. Dazu zählen unter anderem Studien zur Krankheitsprognose, zum klinischen Verlauf und zur Therapiewirksamkeit.

Negativer prädiktiver Wert (-PV) – Anteil der Personen mit negativem Testergebnis, die die untersuchte Krankheit nicht haben. Negativer prädiktiver Wert = $d/(c+d)$.

Nullhypothese – Annahme, dass die Behandlung nicht wirkt.

Nutzwertanalyse – Verfahren, bei dem die Wirkungen medizinischer Leistungen in persönliche Präferenzen (oder **Nutzwerte**) umgewandelt und die Kosten für einen zusätzlichen Qualitätsgewinn (z. B. Kosten pro zusätzlichem qualitätsberichtigten Lebensjahr oder QUALY) beschrieben werden.

Ökologische Erhebung – Auswertung von Daten, die bereits an einer bestimmten Population zu einem oder mehreren Zeitpunkten erhoben wurden, mit dem Ziel, die Beziehung zwischen der Exposition gegenüber einem bekannten oder vermuteten Risikofaktor und einem bestimmten Ergebnis zu untersuchen.

Ökologische Studie – Studie, bei der nicht einzelne Personen, sondern Populationen bzw. Bevölkerungsgruppen Gegenstand der Untersuchung sind; z. B. Studie zur Untersuchung der Zusammenhänge zwischen durchschnittlichem Expositionsgrad und Krebssterberate in Verwaltungseinheiten wie Bundesstaaten oder -ländern.

Objektivität – Unterschiedliche Untersucher kommen bei der Messung unabhängig von persönlichen Faktoren zu den gleichen Ergebnissen.

Odds (Chance) – Verhältnis von Nichtereignissen zu Ereignissen. Ist die Ereignisrate bei einer bestimmten Krankheit gleich 0,1 (10 Prozent), so ist die Nicht-Ereignisrate gleich 0,9; die Chancen stehen folglich 9 : 1. Dieser Ausdruck ist allerdings nicht der reziproke Wert der Ereignisrate.

Odds Ratio (Chancenverhältnis) – Chance eines Patienten aus der Experimentalgruppe, ein unerwünschtes Ereignis zu erleiden, im Verhältnis zur Chance eines Kontrollpatienten.

Patienten-Kontroll-Studie – Sie untersucht, warum bestimmte Patienten eine gewisse Krankheit entwickeln und einige Patientengruppen bestimmte Verhaltensweisen aufweisen.

Positiver prädiktiver Wert (+PV) – Anteil der Personen mit positivem Testergebnis, die an der untersuchten Krankheit leiden.

Power (Teststärke, Güte) – Die Wahrscheinlichkeit, dass die Nullhypothese verworfen wird, wenn sie falsch ist.

Prävalenz – Zahl der Personen in einer bestimmten Bevölkerung, die zu einem gegebenen Zeitpunkt an einer bestimmten Krankheit oder Störung leiden.

Proportionale Sterbeziffer – Mortalität aufgrund einer bestimmten Todesursache in einer berufsspezifischen Kohorte im Verhältnis zur Mortalität aufgrund der gleichen Todesursache in der Vergleichspopulation.

p-Wert – Die Wahrscheinlichkeit, dass ein Messwert zur Beurteilung der Wirkung genauso extrem oder extremer ausfällt als der beobachtete, selbst wenn keine Wirkung erzielt wurde (d. h. wenn die Nullhypothese falsch ist).

Querschnittsstudie – Beobachtung einer definierten Population zu einem bestimmten Zeitpunkt oder über einen definierten Zeitraum. Exposition und Ergebnis werden gleichzeitig untersucht.

Randomisierung – Zuordnung von Personen zu Gruppen nach dem Zufallsprinzip.

Randomisierte kontrollierte klinische Studie – Die Patienten werden in randomisierter Reihenfolge der Experimentalgruppe und der Kontrollgruppe zuordnet. An diesen Gruppen werden dann die zu prüfenden Variablen/Ergebnisse untersucht.

Regression zum Mittelwert – Im Allgemeinen ist davon auszugehen, dass Messwerte, die ausgewählt wurden, weil sie einen Extremwert in einer Verteilung darstellen, bei der nächsten Messung weniger extrem ausfallen. Ursachen dafür können rein statistische Gesetzmäßigkeiten oder auch Änderungen der Maßstäbe sein.

Relatives Risiko – Maß für das Risiko von Exponierten im Vergleich zu den Nichtexponierten.

Relative Risikoreduzierung (RRR) – Die prozentuale Abnahme der Ereignisrate in der Behandlungsgruppe (EER) im Vergleich zur Ereignisrate in der Kontrollgruppe (CER).

Reliabilität (Zuverlässigkeit) – Gütekriterium eines Messverfahrens. Ein Messverfahren ist reliabel (zuverlässig), wenn wiederholte Messungen zum gleichen Ergebnis führen und wenn die Ergebnisse mit dem Gold-Standard übereinstimmen.

Retrospektive Untersuchung – Die Patienten sowie die Kontrollen werden in der Gegenwart ausgewählt und über ihr Verhalten oder zu Faktoren befragt, die in der Vergangenheit liegen.

Risikoverhältnis – Verhältnis des Risikos in der Behandlungsgruppe (EER) zum Risiko in der Kontrollgruppe (CER): RR = EER/CER. Das Risikoverhältnis ist ein Parameter, der in randomisierten Studien und in Kohortenstudien herangezogen wird.

Sensitivität (Empfindlichkeit) – Anteil der Personen mit der untersuchten Krankheit, die durch den Test erkannt wurden.

Spezifität – Anteil der Personen ohne die untersuchte Krankheit, die durch den Test korrekterweise als gesund erkannt wurden.

Stichprobe – Ausgewählte Untergruppe einer Bevölkerung. Man kann zufällige und nicht-zufällige sowie repräsentative und nicht-repräsentative Stichproben unterscheiden.

Stichprobengröße – Tatsächliche oder erwartete Zahl von Patienten, die in eine Studie aufgenommen werden bzw. aufgenommen werden sollen (Rekrutierungsziel).

Stichprobenziehung – Auswahl einer Stichprobe aus einer Grundgesamtheit.

SnNout – „When a sign/test has a high **sen**sitivity, a **n**egative result rules **out** the diagnosis." Wenn ein Symptom/Test eine hohe Sensitivität hat, schließt ein negatives Ergebnis die Diagnose aus. Beispiel: Die Sensitivität einer Sprunggelenkschwellung in der Anamnese für die Diagnose eines Aszites beträgt 92 %; daher liegt bei einer Person ohne Sprunggelenkschwellung in der Vorgeschichte höchstwahrscheinlich kein Aszites vor.

SpPin – „When a sign/test has a high **sp**ecificity, a **p**ositive result rules **in** the diagnosis." Wenn ein Symptom/Test eine hohe Spezifität hat, schließt ein positives Ergebnis die Diagnose ein. Beispiel: Die Spezifität der Undulation für die Diagnose eines Aszites beträgt 92 Prozent; daher liegt bei einer Person, bei der eine Undulation festgestellt wird, höchstwahrscheinlich ein Aszites vor.

Standardisiertes Inzidenzverhältnis – Inzidenz einer Krankheit in einer Berufsgruppe im Vergleich zu dieser Inzidenz in der Vergleichsgruppe.

Standardisiertes Mortalitätsverhältnis – Verhältnis der Sterblichkeit aufgrund einer bestimmten Ursache in einer Berufsgruppe zur Sterblichkeit aufgrund derselben Ursache in der Vergleichsgruppe.

Statistische Power – Die Wahrscheinlichkeit, mit der eine Wirkung erkannt wird, wenn sie tatsächlich vorhanden ist.

Statistische Signifikanz – Die Wahrscheinlichkeit, dass ein genauso extremes oder ein extremeres Ergebnis ermittelt wird als das beobachtete, selbst wenn die Nullhypothese wahr ist.

Statistische Werte:

- **Arithmetischer Mittelwert** – Ergibt sich aus dem Quotienten der Summe aller Beobachtungswerte und der Anzahl der Beobachtungswerte.
- **Modus** – Die Kategorie mit der größten Häufigkeit.
- **Median** - Wert einer Häufigkeitsverteilung, oberhalb und unterhalb der gleich viele Beobachtungswerte liegen.
- **Streuungsmaße** – Verteilungen können eine identische zentrale Tendenz haben, aber eine stark unterschiedliche Streuung aufweisen.
- **Range** – Differenz zwischen dem größten und kleinsten Messwert.
- **Varianz** – Summe aller quadrierten Abweichungen vom Mittelwert dividiert durch die Anzahl der Freiheitsgrade, d. h. die um 1 verringerte Anzahl aller Messwerte. Es wird eine Verzerrung der Varianz verhindert.
- **Standardabweichung** – Durchschnittliche Abweichung aller Werte vom Mittelwert. Die Quadratwurzel aus der Varianz ergibt die Standardabweichung.

- **Variabilitätskoeffizient, Variationskoeffizient** – Dieser Wert bringt in relativierter Form zum Ausdruck, wie viel Prozent des arithmetischen Mittels die Standardabweichung beträgt. Voraussetzung dafür ist ein Proportionalskalenniveau, da ansonsten die Quotientenbildung sinnlos ist. Je niedriger der Variabilitätskoeffizient, umso geringer die Streuung um den Mittelwert.

Strata – Verschiedene Schichten oder Ebenen. Meistens spezifische Untergruppen von Patienten, die durch Klassifizierung nach ein oder mehreren Variablen (gewöhnlich bei Studienbeginn) gebildet werden.

Stratum (*Singular von Strata*) – Schicht oder Ebene bzw. eine definierte Untergruppe.

Systematische Übersichtsarbeit (Review) – Übersichtsarbeit, die durch Erfassung, kritische Beurteilung und Synthese aller relevanten Studien zu einer bestimmten klinischen Fragestellung erstellt wird, wobei Strategien zur Vermeidung von Verzerrungen und zufälligen Fehlern verwendet werden.

Validität (Gültigkeit) – Begriff, der eine Aussage darüber erlaubt, ob wirklich das gemessen wird, was gemessen werden soll. Hinweis: Der Begriff Validität kann sich sowohl auf Messinstrumente als auch auf Studienanordnungen beziehen.

Validität, Messung – Man unterscheidet folgende Arten der Messvalidität: Konstruktvalidität, inhaltliche Validität, Kriterienvalidität, parallele Validität und Voraussagevalidität.

Validität, Studie – Man unterscheidet zwei Arten der Studienvalidität: interne und externe Validität.

Sachverzeichnis

Halbfette Seitenzahlen verweisen auf die Haupttextstellen.

A

Abbruchquote 40
Activities **82**
Aktivitäten **82**
Alternativhypothesen 115
α-Fehler **115 f**
– Korrektur **117**
– Kumulierung **116 f**
Analogskala, visuelle (VAS) **66**
Anhang 143
Äquidistanz **59 f**, 63, 66
Arbeitshypothesen 115
Artikelbestellung **26**
Arzneimittelstudien 39
Ausgangswerte, Ermittlung **37 f**
Ausschlusskriterien **35, 37 f**

B

Befundaufnahme **69**
Begriffe, standardisierte **15**
Behandlung
– Effektivität 73
– Empfehlungen 19
– Richtlinien 19
– Schwerpunkte **84 f**
Beobachtungsstudien 48
β-Fehler **115 f**
Beweiskraft **35**
Bias 71
Bibliotheken **25 f**
– ausländische **26**
Blindierung, Techniken **40 f**
Boole-Suche 15, **23**

C

Chedoke McMaster Stroke Assessment 67
CHI^2-Test **123**
CINAHL 15, **19 ff**
Clinical Reasoning **70**, 106
Cochrane Collaboration **10 f**, **19 ff**
Compliance **38 ff**

D

Datenbanken 14, **15, 19 ff**
– Publikationen **19 ff**
Diagnostik **91 ff**
Diagnostischer Wert
– negativer **97 f**
– positiver **97 f**
Dimension, zeitliche **46**
Disability **80**
Diskussion 142
Durchführbarkeit **70**

E

Effekt
– spezifischer **9**
– unspezifischer **9**
Effektivität, Behandlung 73
Effektivitätsstudien **3 ff**, 21
– Arten **4 ff**
– Extrapolierbarkeit 5, **7**
– Generalisierbarkeit **7**
– methodologische Qualität **5 f**
– Physiotherapie **8 ff**
– Relevanz 5, **7 f**
– statistische Methoden 5, **7**
– Umfang **5 f**
– Voraussetzungen **5**
– Zulassungskriterien **7**
Einführung **137**
Einleitung 14
Einschlusskriterien **35, 37 f**
Einwilligungserklärung **36**
Einzelfallstudien 43
EMBASE 15, **19 ff**
Empfindlichkeit **66, 73**
Ergebnisse
– Auswertung **135 f**
– Kontrolle **69**
– Quantifizierung **57 ff**
Erhebungen 48
Evidence Based Medicine 2, **11 f**
Excerpta Medica (EMBASE) 15, **19 ff**
Experiment **46 f**
– geplantes 3
Expertenbefragung 14

F

Fachzeitschriften **15**, 18, 21
Fall-Kontroll-Studien **54**
Fehler
– α- **115 f**
– β- 115 f
– – Korrektur **117**
– – Kumulierung **116 f**
– systematische **71**, 106
– zufällige **71**
Forschungsideen 32
Fragestellung **137 ff**, 139
– einseitige **119 f**
– zweiseitige **119 f**
Functional Independence Measure (FIM) 139

G

Gauss-Kurve 103
Gesundheit, Messung **79 ff**
Gold-Standard 3, 28, 70, **92, 95 ff,
 104,** 106
Grenzwert, statistischer **6**
Gültigkeit **33**, 70, **104 ff**
Gütekriterien **70 ff**
Guttman-Skala **67**

H

Handicap **80**
Häufigkeitsverteilung **110**
– bivariate **127 ff**
Hypothesen
– Alternativ- 115
– Arbeits- 115
– Bildung
– – deduktive **32**
– – induktive **32**
– Null- 115

I

ICD-10 **80**
ICIDH-2 **80 f, 82 ff**
– Stufen **81 f**
Impairment **80**, 82
Intention-to-Treat-Analyse 42
Internetadressen **15**
Inter-Tester-Zuverlässigkeit **74**
Intervallskalen **58**, **63**
– f. quantifizierbare Merkmale **63**
– Tests 120 ff
Intervallstudien **58**, **63**
– f. quantifizierbare Merkmale **63**
Intervention **33 f**
Intra-Tester-Zuverlässigkeit **74**

K

Kappa-Wert **98 f,** 106
Kennwerte **110**
Klinische Studien **31 f**
Kohortstudien 46 f, 48, **51 ff**
– ambispektive 47
– historische 46 f
– Nachteile **52**
– prospektive 46
– Schlüsselfragen **53 f**
– Vorteile **51**
Kontextfaktoren **83 f**
Kontrollierte Studien **28 ff**

Kontrolltherapie **34**
Korrelation
– Analyse **127 ff**
– Koeffizient, Produkt-Moment-
 128
– negative **129**
– Partial- 129
– positive **128**
– Werte **103 f,** 106
Kosteneffektivität, Bedeutung **89**
Kosten-Nutzen-Effekt 8, 18

L

Lasagna-Effekt **35 f**
Lebensqualität **86 ff**
– Messung **79 ff**
Lehrbücher **14,** 18
Lernen, problemorientiertes **16**
Likert-Skala **62**
Literatur
– Studien **10**
– Studium **109 ff**
– Suche **13 ff**
– – Fragestellung 16
– – problemorientierte **16**
– Verzeichnis 143

M

McGill-Schmerzfragebogen **33**
McNemar-Test 120, **125**
Medical Subject Headings **15**
MEDLINE 15, **19 ff,** 24, 140
Merkmale
– dichotome **64 f, 93 ff**
– diskrete **63 ff**
– kontinuierliche **63 f**
– Messung **63 ff**
– stetige **63 f**
Messebene **90**
Messergebnisse, Variationen **74 ff**
– Gegenmaßnahmen **74**
– Ursachen **74 ff**
Messfehler **65 f**
Messungen **58 ff,** 135 f
– Anforderungen **70 ff**
– dichtochome **93 ff**
– Gesundheit **80 ff**
– graduierte **65**
– Lebensqualität **80 ff**
– Methoden 42
– Missverständnisse **75**
– objektive Angaben **74**
– Skalen **58 ff**
– subjektive Angaben **74**

– Verfahren **57 ff**
– Ziele i. d. klinischen Arbeit **69**
Metaanalyse 11
Mittelwert 103
Monitoring **39**
Multizentrische Studien 37

N

National Library of Medicine
 (NLM) **20**
Nederlands Paramedisch Instituut
 21
Nichtbehandlung **34**
Nominalskalen **58 f**
– f. qualitative Merkmale **59**
– Tests **123 ff**
Nullhypothesen 115
Numeric Rating Scale **66**
Nummerische Systeme **58 ff**

O

Objektivität **33**
Ordinalskalen **58**, **122**
– f. quantifizierbare Merkmale
 60 ff
– Tests 122
Overall-Signifikanz 126

P

Partialkorrelation 129
Partizipation **82**, 86, **87 f**
Patienten-Kontroll-Studien 46, **47**,
 48, **54 ff**
– Nachteile **55**
– Vorteile **54**
PEDro (Physiotherapie Evidenz
 Datenbank) **21**
Phase-3-Studien **46**
Phase-1-Studien **46**
Phase-2-Studien **46**
Physiotherapie, Diagnostik **91 ff**
Planungsphase **135 f**
Plazebo **34**
– Einführung **29 f**
Plazeboeffekt 42
Population 3, **110 ff**
Power, statistische **6**
Präzision **33**, 71
Pragmatische Studien **4 f**
Problemanalyse **69**
Produkt-Moment-Korrelations-
 koeffizient **128**

Sachverzeichnis

Projektarbeiten **131 ff**
– Anhang 143
– Aufwand **134**
– beschreibende Studie **139 f**
– – Fragestellung **139**
– – Methoden **140**
– – Projektarbeit **139 f**
– – Resultate **140**
– Diskussion 142
– Einführung **137**
– Einleitung 14
– Elemente 13
– Ergebnisse 142
– – Auswertung **135 f**
– fachliche Begleitung **133**
– Form **136 ff, 141 ff**
– Fragestellung **137 ff, 139**
– Literaturverzeichnis 143
– Meilensteine **134 ff**
– Messungen **135 f**
– Methoden 142
– methodologische Begleitung **134**
– Phasen **125 ff**, 132
– Physiotherapieausbildung **131 ff**
– Planung **134 f**
– Planungsphase **135 f**
– Schlussfolgerung 143
– Themenwahl **133 f**
– Titel 141
– Vorbereitungsphase **135 f**
– Vorwort 141
– zentrale Elemente **141 ff**
Prüfverfahren, statistische **120 ff, 125 ff**

Q

Qualifikationsphase 40
Qualität **59 f**
– Kennwerte 106
Quality Adjusted Life Years (QALY) **88**
– Methode **88**
Quantifizierung, Ergebnisse **57 ff**
Querschnittsstudien **48**

R

Randomised Clinical Trial (RCT) 3, 28
Randomisierte klinische Studien 3 ff, 21
Randomisierte kontrollierte Studien **27 ff**, 36
Randomisierung **36 f**
– Einführung **31**

– Einflussfaktoren **40**
– Methoden **36**
Rationalskalen **58, 63**
– f. quantifizierbare Merkmale **63**
Referenzgruppe **34**
Reliabilität **33, 70 f, 91 ff**
– Kennwerte **93 f**
Reviews 11, 21
– systematische 21
Rivermead Mobility Index **67 f**, 140

S

Schlussfolgerung 143
Schmerzfragebogen, McGill- **33**
Schmerzskala, nummerische **66**
Schulterskala f. Schmerz u. Behinderung **67**
Science Citation Index **15**
Selbstständigkeitsstufen **61 f**
Sensitivität **93 f, 97**
Shoulder Pain and Disability Index (SPADI) **67**
Signifikanz **117 ff**
– Niveau 115
– Overall- 126
– Prüfung 121 ff
Skalen
– Analog-, visuelle **66**
– Guttman- **67**
– kombinierte **67 f**
– Likert- **62**
– Nominal- **58 f**
– – f. qualitative Merkmale **59 f**
– – Tests **123**
– Ordinal- **58, 60 ff**
– – f. quantifizierbare Merkmale **60 ff**
– – Tests **122**
– qualitative **59 f**
– quantitative **59 f**
– Schmerz-, nummerische **66**
– Schulterskala f. Schmerz u. Behinderung **67**
– Unterschiede **68**
Spezifität **94, 97**
Standardabweichung **101 ff, 104**, 106
Standards 19
Statistik **110 ff**
– Arten **110**
– deskriptive **110**
– Interferenz- 110
Stichproben **110 ff, 120 ff, 125 ff**
– abhängige 120 f, 125 f
– Cluster **112**
– einfache **112**

– Erhebungstechniken **112**
– geschichtete **112**
– mehrstufige **112**
– stratifizierte **112**
– unabhängige 120 f, 125 f
Strata 37
Stratifizierung, a priori- **36 f**
Streuung 71, **110**
Studien
– Abbruch 37, **38**
– – Vermeidung **40**
– Anordnung **38**
– Arzneimittel- 39
– Beobachtungs- 48
– beschreibende
– – Fragestellung **139**
– – Methoden **140**
– – Projektarbeit **139 f**
– – Resultate **140**
– Design 42, 73
– Effektivitäts- **3 ff**, 21
– Arten **4 ff**
– Extrapolierbarkeit 5, **7**
– Generalisierbarkeit **7**
– methodologische Qualität **5**
– Physiotherapie **8 ff**
– Relevanz 5, **7 f**
– statistische Methoden 5, 7
– Umfang **5 f**
– Voraussetzungen **5**
– Zulassungskriterien **7**
– Einzelfall- 43
– erklärende **4 f**
– Fall-Kontroll- **54**
– Intervall- **58, 63**
– – f. quantifizierbare Merkmale **63**
– klinische **31 f**
– Kohort- 46 f, 48, **51 ff**
– – ambispektive 47
– – historische 46 f
– – Nachteile **52**
– – prospektive 46
– – Schlüsselfragen **53 f**
– – Vorteile **51**
– kontrollierte **28 ff**
– Kriterien **31 f**
– Literatur- **10**
– multizentrische 37
– Patienten-Kontroll- 46, **47**, 48, **54 ff**
– – Nachteile **55**
– – Schlüsselfragen **55**
– – Vorteile **54**
– Phase-3- **46**
– Phase-1- **46**
– Phase-2- **46**
– pragmatische **4 f**

Studien, Querschnitts- **48**
- randomisierte klinische 3 ff, 21
- randomisierte kontrollierte **27 ff**, 36
- – Auswertung **42**
- – Extrapolierbarkeit 43
- – Grundmodell **31 ff**
- – klinische Relevanz 43
- – Nachteile **43**
- – Nebenwirkungen **41**
- – Vorteile **43**
- transversale **46, 48 ff**
- – Schlüsselfragen **49 f**
- Typen **45 ff**
- Ursache-Wirkungs- 48
- wissenschaftliche **1 ff**
Studiengruppe, Auswahl **34 ff**
Studientypen **45 ff**
Subjektivität **74 f**
Suchbegriffe **15, 22 ff**
- Kombinationsmöglichkeiten **24 f**
- standardisierte **22 ff**
- – Beispiele **22 f**
Suchmaschinen **15**
Suchstrategien 17

T

Teilnahme **82**
Tests **58 ff**
- CHI² **123**
- Gütekriterien **70 ff**
- Intervallskalen **120 ff**
- McNemar 120, **125**
- nichtparametrische 62, **123**
- Nominalskalen **123**
- Ordinalskalen **122**
- t-Test **116, 120 f**
- U-Test 120, **122 f**
- Vorzeichen- 120, **124**
- Wilcoxon- 120, **123**
Themenwahl **133 f**
Thesaurus **22**
Transversale Studien **46, 48 ff**
- Schlüsselfragen 49 f
Treatmentfaktor 126
Trefferquote 12
Trial-and-Error-Denken **28 ff**
t-Test **116, 120 f**

U

Übereinstimmung, prozentuale **95 ff**, 106
Unterschied, statistisch signifikanter **114**
Untersuchung, retrospektive 47
Ursache-Wirkungs-Beziehung 46
Ursache-Wirkungs-Studien 48
U-Test 120, **122 f**

V

Validität **33**, 70, **73, 91 ff, 104 ff**
- Expert- **73**
- Kriterium- **73**
- prediktive 73
Variation 103
Varianzanalyse **126 f**
- einfaktorielle **126 f**
- mehrfaktorielle **127**
Vergleichbarkeit 36
Verlaufskontrollen **69**, 106

Verlaufsuntersuchungen 51
Versicherungsgesellschaften, Leistungen **89**
Versuchspläne, mehrfaktorielle **127**
Vorbereitungsphase **135 f**
Vorwort 141
Vorzeichentest 120, **124**

W

Wahrscheinlichkeit 6
- statistische **113 f**
Wahrscheinlichkeitsrechnung **113 ff**
Wahrscheinlichkeitswerte 114
Wilcoxon-Test 120, **123**
Wirkung **32 f**
Wissenschaftliche Studien **1 ff**
Wissensstand, aktueller **14, 18 ff**

Z

Zentrale Tendenz **110**
Zufall 6
- Prinzip **111 f**
- – Verletzung **111**
- Stichproben 111
- Übereinstimmung **99 ff**, 106
- Verfahren 36
Zufriedenheit **87 f**
Zuverlässigkeit 70, **91 ff**
- Intra-Tester- **74**
- Inter-Tester- **74**
- Kennwerte **93 f**